漢字マスター N5

改訂版

Introduction to Kanji

アークアカデミー 編著

字

KANJI

三修社

漢字マスターN5　もくじ

はじめに …… 4
本書の特長 …… 6
本書の使い方 …… 7
漢字学習を始めるにあたって …… 14

1章　すうじ　Number　数字　Chữ số

- ☐ 一　二（　／　）…… 19
- ☐ 三　四（　／　）…… 20
- ☐ 五　六（　／　）…… 21
- ☐ 七　八（　／　）…… 22
- ☐ 九　十（　／　）…… 23
- ☐ 百　千（　／　）…… 24
- ☐ 万　円（　／　）…… 25
- ☐ 1章　ふくしゅう　問／20問 …… 26
- ☐ ひにちの　よみかた（　／　）…… 27
- ☐ 1章　クイズ（　／　）…… 28

2章　カレンダー　Calendar　日历　Ngày tháng

- ☐ 月　火（　／　）…… 31
- ☐ 水　木（　／　）…… 32
- ☐ 金　土（　／　）…… 33
- ☐ 日　年（　／　）…… 34
- ☐ 2章　ふくしゅう　問／20問 …… 35
- ☐ 2章　クイズ（　／　）…… 36

3章　人　Person　人　Con người

- ☐ 人　口（　／　）…… 39
- ☐ 目　耳（　／　）…… 40
- ☐ 手　足（　／　）…… 41
- ☐ 力　王（　／　）…… 42
- ☐ 3章　ふくしゅう　問／20問 …… 43
- ☐ 3章　クイズ（　／　）…… 44

4章　しぜん－1　Nature 1　自然1　Tự nhiên 1

- ☐ 山　川（　／　）…… 47
- ☐ 田　石（　／　）…… 48
- ☐ 花　竹（　／　）…… 49
- ☐ 雨　虫（　／　）…… 50
- ☐ 4章　ふくしゅう　問／20問 …… 51
- ☐ 4章　クイズ（　／　）…… 52

5章　ばしょ　Place　地方　Địa điểm, vị trí

- ☐ 上　下（　／　）…… 55
- ☐ 左　右（　／　）…… 56
- ☐ 外　内（　／　）…… 57
- ☐ 中（　／　）…… 58
- ☐ 5章　ふくしゅう　問／20問 …… 59
- ☐ 5章　クイズ（　／　）…… 60

- ☐ 1章～5章　アチーブメントテスト　／100（　／　）…… 62

6章　学校－1　School 1　学校1　Trường học 1

- ☐ 学　校（　／　）…… 65
- ☐ 先　生（　／　）…… 66
- ☐ 名　字（　／　）…… 67
- ☐ 本　休（　／　）…… 68
- ☐ 6章　ふくしゅう　問／20問 …… 69
- ☐ 6章　クイズ（　／　）…… 70

7章　学校－2　School 2　学校2　Trường học 2

- ☐ 大　小（　／　）…… 73
- ☐ 高　友（　／　）…… 74
- ☐ 入　出（　／　）…… 75
- ☐ 門　体（　／　）…… 76
- ☐ 7章　ふくしゅう　問／20問 …… 77
- ☐ 7章　クイズ（　／　）…… 78

8章　かぞく　Family　家庭成员　Gia đình

- ☐ 父　母（　／　）…… 81
- ☐ 子　男（　／　）…… 82

□ 女 （ ／ ） 83
□ 犬 （ ／ ） 84
□ 8章 ふくしゅう 問 / 20 問 85
□ 8章 クイズ （ ／ ） 86

9章 どうし－1 Verb 1 动词 1 Động từ 1

□ 立 （ ／ ） 89
□ 見 聞 （ ／ ） 90
□ 行 来 （ ／ ） 91
□ 帰 （ ／ ） 92
□ 9章 ふくしゅう 問 / 20 問 93
□ 9章 クイズ （ ／ ） 94

10章 たべもの Food 食物 Đồ ăn

□ 米 茶 （ ／ ） 97
□ 牛 肉 （ ／ ） 98
□ 魚 貝 （ ／ ） 99
□ 好 物 （ ／ ） 100
□ 10章 ふくしゅう 問 / 20 問 101
□ 10章 クイズ （ ／ ） 102

□ 6章～10章 アチーブメントテスト / 100 （ ／ ） 104

11章 時間 Time 时间 Thời gian

□ 時 間 （ ／ ） 107
□ 半 分 （ ／ ） 108
□ 今 何 （ ／ ） 109
□ 夕 方 （ ／ ） 110
□ 11章 ふくしゅう 問 / 20 問 111
□ 11章 クイズ （ ／ ） 112

12章 しぜん－2 Nature 2 自然 2 Tự nhiên 2

□ 林 森 （ ／ ） 115
□ 畑 岩 （ ／ ） 116
□ 音 （ ／ ） 117
□ 明 暗 （ ／ ） 118
□ 12章 ふくしゅう 問 / 20 問 119
□ 12章 クイズ （ ／ ） 120

13章 どうし－2 Verb 2 动词 2 Động từ 2

□ 言 書 （ ／ ） 123
□ 読 話 （ ／ ） 124
□ 食 飲 （ ／ ） 125
□ 買 （ ／ ） 126
□ 13章 ふくしゅう 問 / 20 問 127
□ 13章 クイズ （ ／ ） 128

14章 町 Town 街道 Thị trấn, khu phố

□ 町 寺 （ ／ ） 131
□ 電 車 （ ／ ） 132
□ 東 西 （ ／ ） 133
□ 南 北 （ ／ ） 134
□ 14章 ふくしゅう 問 / 20 問 135
□ 14章 クイズ （ ／ ） 136

15章 けいようし Adjective 形容词 Tính từ

□ 新 古 （ ／ ） 139
□ 長 安 （ ／ ） 140
□ 多 少 （ ／ ） 141
□ 元 気 （ ／ ） 142
□ 15章 ふくしゅう 問 / 20 問 143
□ 15章 クイズ （ ／ ） 144

□ 11章～15章 アチーブメントテスト / 100 （ ／ ） 146

ノート 148
そのほかの よみかた 154
解答 156
さくいん 166

はじめに

「漢字マスターシリーズ」は、日本語を学ぶ方が、ひらがな、カタカナの習得を経て、日本語の３つ目の文字である漢字を楽しみながらしっかりと学ぶことを目指して作成されました。本シリーズを使って学習を進めると、Ｎ５～Ｎ１の全シリーズ修了時には、2010年11月30日告示の「改定常用漢字表」一覧に掲載された2136字と、その他に使用頻度が高いと思われる表外字14字を加えた2150字が習得できます。

本シリーズは、漢字とともに、多くの語彙や慣用句も一緒に習得できるように作られています。提示した語例や例文は、日常生活の中で身近に接することが多いものをとりあげましたので、漢字そのものの学習と共に、生活の中でよく使われる言葉や表現を増やすことが可能です。また、非漢字圏の方にも学びやすいように、漢字には全てルビを振りました。プレッシャーを感じることなく漢字の能力を伸ばすことができるからです。

「漢字マスターＮ５」は、原則として各章７～８文字、１ページに２文字提示してあります。たとえば、１日１～２ページ、１日１章のように計画を立てて学習すると、119字の漢字と、生活に必要な語彙を習得できます。また、初めて漢字に触れることを考慮し、イラストを多用しました。本書に掲載した漢字はＮ４レベルに進む前に必ずマスターすることを目指してください。

本シリーズは長きにわたる改訂を重ね、その結果、理想の教材に近づいたと自負しております。私たちを支えてくださった多くの皆様に心からお礼を申し上げます。皆様の漢字学習が成功することを執筆者一同心から願っています。

アークアカデミー

Introduction

“Kanji Master Series” has been prepared for students who have mastered hiragana and katakana to learn and enjoy the process of learning kanji, the third group of characters in Japanese.

By using this series, students will learn 2,136 characters listed in the “Revised Joyo (Daily-use) Kanji List” released on November 30, 2010, or 2,150 characters including an additional 14 characters that are considered to have high-frequency of use but not listed in the Revised Joyo (Daily-use) Kanji List, upon completion of N5-N1 series.

This series is structured so that students can learn rich vocabulary and idioms as well as kanji. As sample words and sentences given in the textbook are selected from daily and familiar situations, students can acquire words and expressions commonly used in daily life as they learn the kanji characters themselves. For those who are from non-kanji regions, all the kanji in the textbook have ruby (small hiragana characters above the kanji) for easy learning. Because of that, students can grow their ability in kanji without feeling overwhelmed.

In principle, in “Kanji Master N5,” each chapter contains seven to eight characters, with two characters per page. If you make a study plan, such as one to two pages a day or one chapter a day, you will master 119 kanji characters and vocabulary that are necessary for daily life. We have added many illustrations for students, who are studying kanji for their first time. Students should aim for mastering kanji listed in the textbook before they proceed to N4 Level.

We believe this series of textbooks is an ideal tool for learning after years of revisions. We sincerely appreciate those who have supported us. We wish you the very best for your success in kanji learning.

ARC Academy

最初

《主攻汉字丛书》是为那些初学日语者，学完平假名，片假名，进入学习日语的第 3 个文字汉字时，能愉快地学习汉字为目的而编制的。
如果用本丛书学习，学完 N5 到 N1 时，你将能掌握 2010 年 11 月 30 日日本国告示的 改订常用汉字表”一栏所示的 2136 字和被认为使用频率较高的此表以外的 14 个汉字，共计 2150 个汉字。
本丛书，在学习汉字的同时，收录了许多词汇和惯用语，帮助您掌握。由于所提供的例句例文，大多都是在我们的日常生活中常见的实例，所以在学习汉字的同时，您可以增加许多在日常生活中常用的词汇与表达方式。还为非汉字圈的人们学习方便，所有汉字都注有读音。让您不必感到压力就能提高汉字能力。
《主攻汉字 N5》原则上各章为 7 到 8 个汉字，1 页由 2 个汉字组成。例如制定 1 天学习 1 到 2 页，或者 1 天学习 1 章的学习计划，您可以学到 119 个汉字和日常生活中必需的词汇。而且考虑初次接触汉字的朋友们，使用了许多插图。本书所收录汉字是，在您 N4 升级之前必需掌握好为目标的。
本丛书经历了长期的多次修改，我们坚信这已经是一部近乎理想的教材。衷心感谢各位对我们的支持。我们执笔全体成员希望各位能够成功掌握汉字。

ARC Academy

LỜI NÓI ĐẦU

Bộ sách "Kanji Master" ra đời với mục đích giúp những ai đang theo học tiếng Nhật và đã hoàn thành xong hai bộ chữ cái Hiragana và Katakana, có thể tiếp tục theo học chữ Hán (chữ Kanji) - bộ chữ thứ 3 trong tiếng Nhật một cách thật chỉn chu nhưng không hề mang đến cảm giác căng thẳng, áp lực.
Nếu theo học hết bộ sách này, sau khi hoàn thành toàn bộ các tập từ N5 đến N1, bạn đọc hoàn toàn có thể có trong tay 2150 chữ Hán, bao gồm cả 2136 chữ có trong "Bảng chữ Hán thông dụng đã cải biên" được công bố ngày 30 tháng 11 năm 2010, và 14 chữ Hán khác có tần suất sử dụng cao nhưng lại chưa được đưa vào trong bảng này.
Với bộ sách này, bạn đọc sẽ được học đồng thời cả chữ Hán và rất nhiều từ vựng, quán ngữ liên quan. Người biên soạn sách đã chọn lọc và đưa ra những từ vựng và câu ví dụ gần gũi mà bạn đọc sẽ được tiếp xúc thường xuyên trong cuộc sống hàng ngày. Do đó, song song với quá trình học tập từng chữ Hán, bạn đọc hoàn toàn có thể nâng cao được vốn câu, vốn từ thông dụng cho bản thân. Ngoài ra, để giúp bạn đọc ở những quốc gia không sử dụng chữ Hán có thể học tập dễ dàng hơn, toàn bộ chữ Hán đều được phiên âm cách đọc. Nhờ đó, bạn đọc sẽ nâng cao được năng lực chữ Hán của mình mà không cảm thấy mệt mỏi, áp lực.
"Kanji Master N5" về cơ bản sẽ có 7~8 chữ mỗi chương, mỗi trang sẽ được trình bày 2 chữ. Ví dụ, nếu xây dựng kế hoạch 1 ngày học 1~2 trang, hoặc 1 ngày học 1 chương thì bạn đọc sẽ nắm được 119 chữ Hán và từ vựng cần thiết cho cuộc sống. Ngoài ra, giáo trình cũng sử dụng nhiều hình ảnh minh họa, hướng đến đối tượng là những bạn đọc lần đầu tiên tiếp xúc với chữ Hán. Trước khi bước sang trình độ N4, bạn đọc hãy đặt cho mình mục tiêu phải nắm vững toàn bộ chữ Hán được đưa ra trong cuốn sách này.
Là kết quả của một quá trình nỗ lực sửa đổi trong thời gian dài, chúng tôi tự hào rằng đây là một giáo trình đã chạm tới tiêu chuẩn của một giáo trình lý tưởng. Tập thể người biên soạn sách xin được gửi lời biết ơn chân thành tới tất cả những cá nhân, tổ chức đã giúp đỡ chúng tôi hoàn thành giáo trình này. Đồng thời xin chúc quý bạn đọc sẽ gặt hái được nhiều thành công trong quá trình học chữ Hán của mình.

ARC Academy

本書の特長
ほんしょ　とくちょう

POINT 1. 効率的に体系的に学べる
こうりつてき　たいけいてき　まな

配列は、基本となる漢字から組み合わせてできる漢字へと難易度を高めました。また、
はいれつ　きほん　かんじ　く　あ　かんじ　なんいど　たか
それぞれの章はカテゴリー別に分類しました。
しょう　べつ　ぶんるい

- 絵からできた象形文字（例：2章、3章）
え　しょうけいもじ　れい　しょう　しょう
- 記号からできた指事文字（例：5章）
きごう　しじもじ　れい　しょう
- 意味と意味を組み合わせてできた会意文字（例：12章）
いみ　いみ　く　あ　かいいもじ　れい　しょう
- 音が漢字の一部分に残っている形声文字（例：学、校、先…）
おん　かんじ　いちぶぶん　のこ　けいせいもじ　れい

POINT 2. 漢字を学びながら生活に必要な語彙も増やせる
かんじ　まな　せいかつ　ひつよう　ごい　ふ

提示した語彙や例文は、日常生活の中で身近に接することが多いものを取り上げまし
ていじ　ごい　れいぶん　にちじょうせいかつ　なか　みぢか　せっ　おお　と　あ
た。本書では、特に、漢字の字義の言葉に加え、広く使われている日本語のテキスト
ほんしょ　とく　かんじ　じぎ　ことば　くわ　ひろ　つか　にほんご
に提出されている言葉を配列しました。
ていしゅつ　ことば　はいれつ

POINT 3. 美しく読みやすい文字が書ける
うつく　よ　もじ　か

正しい筆順は正しい文字の習得の第一歩です。一人で学ぶ方でも筆順がわかるように
ただ　ひつじゅん　ただ　もじ　しゅうとく　だいいっぽ　ひとり　まな　かた　ひつじゅん
数字をつけてありますので、美しく読みやすい文字を書くことができます。また、フォ
すうじ　うつく　よ　もじ　か
ントはモリサワのUDデジタル教科書体を採用しました。初めて日本語の文字を学ぶ
きょうかしょたい　さいよう　はじ　にほんご　もじ　まな
方にとっても文字の形がわかりやすく、間違えにくいフォントです。手本を見て、き
かた　もじ　かたち　まちが　てほん　み
れいな形の文字をマスターしてください。
かたち　もじ

POINT 4. 楽しみながら学べる
たの　まな

漢字の成り立ちがよくわかるよう、巻末に「ノート」としてまとめてあります。ゲー
かんじ　な　た　かんまつ
ム感覚で学ぶことで、漢字に親しみを持ち、漢字を学ぶ際の理解度・定着度の向上が
かんかく　まな　かんじ　した　も　かんじ　まな　さい　りかいど　ていちゃくど　こうじょう
目指せます。
めざ

本書の使い方
ほんしょ　つか　かた

漢字学習を始める前に、「漢字学習を始めるにあたって」を読んで、漢字学習のポイントを確認
してください。学習中も確認し、字形、筆順を常に意識しましょう。

STEP 1. 導入イラストを利用して、その章にどんな漢字があるのか理解します。

STEP 2. 新しく学ぶ親字の横にある、訓読み・音読み、送りがなを確認します。

STEP 3. 親字の下にある画数を確認します。

STEP 4. 筆順の矢印のとおりに、まず、うすい文字の上をなぞります。そして、手本を見て
視写を繰り返し、正しい字形を覚えます。

STEP 5. 「かんじをよみましょう」「かんじをかきましょう」の問題に進みます。言葉の意味や、
読み、正しい書き方を覚えます。

STEP 6. 復習やクイズ、アチーブメントテストに進みます。

| 復習 | 学習した漢字の定着度を確認するために1章ごとの復習問題を解きます。確認や苦手な漢字の発見に活用してください。 |

| クイズ | 学習に変化をつけ、楽しく学べるようにクイズもあります。宿題やテスト等に活用してください。 |

| アチーブメントテスト | 5章ごとにあります。アチーブメントテストを解き、自身のレベルチェックに利用してください。 |

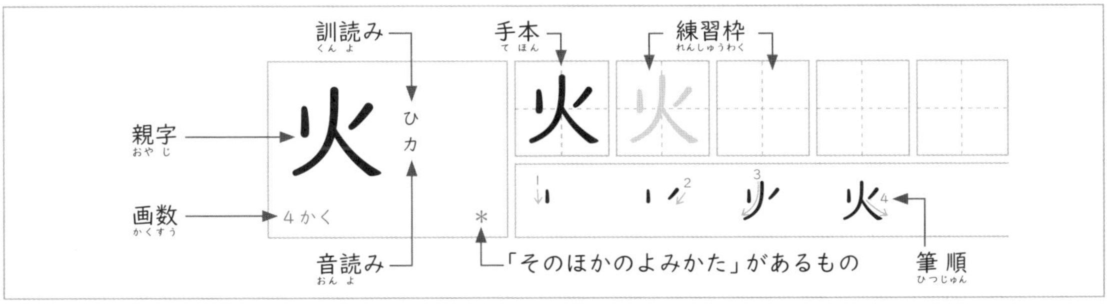

漢字学習 ☑ ▶ 復習 ☑ ▶ クイズ ☑ ▶ アチーブメントテスト ☑ ▶ ノート ☑ ▶

| 日次 | 理解度の把握のために、チェック欄☑、および学習日欄（　／　）をつけました。独学の場合も授業で取り扱う場合も、学習計画や定着度の確認等に役立ててください。計画を立てて、効率的に学習しましょう。 |

| 読み | 常用漢字表に掲載されているもののうち、N5レベルにふさわしいものを示しました。難易度が高いと判断した読みを持つ漢字には＊をつけ、巻末の「そのほかのよみかた」にまとめました。 |

Features of this book

POINT 1. Learn effectively and systematically.

Characters are listed in ascending order of difficulty, from basic ones to ones that consist of several components. Each chapter is categorized.

*Pictographs originated from pictures (e.g. Chapters 2 and 3)

*Logograms made from symbols (e.g. Chapter 5)

*Compound ideographs consisting of parts representing certain meanings (e.g. Chapter 12)

*Phonetic-ideographs that include pronunciation as a part of a character (e.g. 学，校，先，etc.)

POINT 2. Learn and acquire vocabulary useful in daily life by studying kanji.

In this textbook we pick up vocabulary and sample sentences that are familiar in daily life. In addition to words of literal meaning of the kanji, in particular in this textbook we list words that are commonly used in Japanese texts.

POINT 3. Write beautiful and legible characters.

Learning the correct stroke order is a first step in mastering characters and also helps further learning. With a numbered stroke order, you can write beautiful legible characters by yourself. As for fonts, Morisawa's UD Digital Kyokasho-tai, which is easy for those who study kanji for the first time to recognize the character form without mistakes, is adopted. Let's learn to write legible characters by carefully modeling after examples.

POINT 4. Learning through enjoying

For understanding the making of kanji, it is summarized at the end of the textbook as Notes. Learning like playing a game will make you naturally gain familiarity with kanji and increase the level of understanding and performance of kanji learning.

How to use this book

Before starting your kanji learning, read carefully "To Start Your Kanji Learning" and check the elements of learning kanji. Check them again while learning and always pay attention to character forms and stroke orders.

STEP 1. Understand what kind of kanji are included in a particular chapter by using its introductory illustration.
STEP 2. Check Kun-yomi, On-yomi, and Deslensional Kana Endings of a new index character, written next to it.
STEP 3. Check the number of strokes indicated under the index kanji.
STEP 4. First, follow the stroke order arrows, and trace over the lightly printed character. Then, repeat this process, following the model until you can remember the character form correctly.
STEP 5. Proceed to exercises provided in「かんじをよみましょう」"Let's Read Kanji" and「かんじをかきましょう」"Let's Write Kanji." Remember the meaning of the words, yomi (readings), and the correct stroke order.
STEP 6. Proceed to Review, Quizzes, and Achievement Tests.

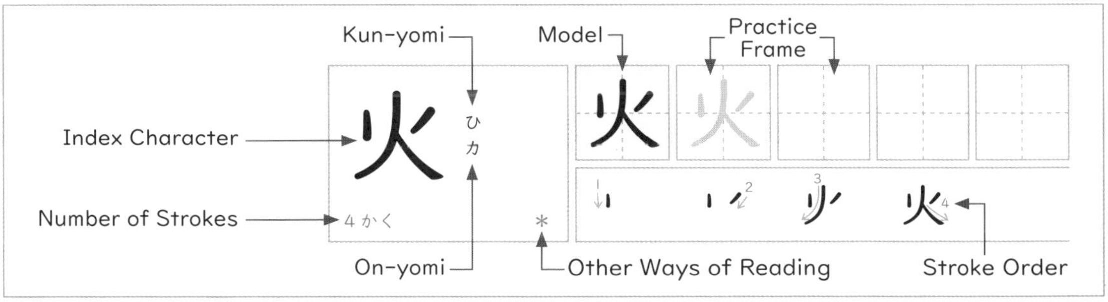

Review

Answer the review practice questions for every chapter to check the retention level of kanji that you learned. Please use Review to check and discover the kanji that are difficult for you to remember.

Quizzes

The textbook also provides Quizzes to give variation to learning and fun activities. Please use Quizzes for homework and tests.

Achievement Tests

There are achievement tests every five chapters. Take the achievement test to check your level.

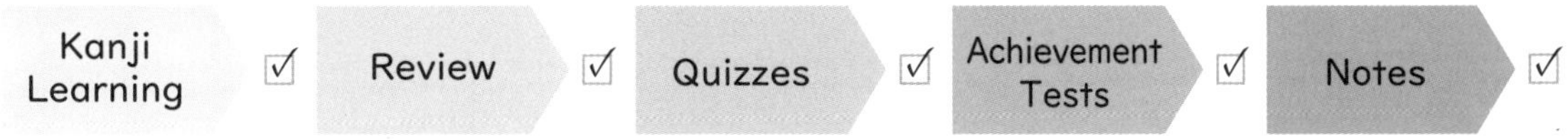

Contents

Check columns ☑ and Study Day columns (／) are added to measure the level of understanding. Make use of them for study planning and performance evaluation whether in self-study or in learning in classes.

Yomi (Readings)

The appropriate Kun/On-yomi for N5 Level is selected from the Revised Joyo (Daily-use) Kanji List. Readings of characters that are considered difficult are indicated by ✻ and organized as a chart "Other Ways of Reading" in the end part of the textbook.

本书特点

要点 1　能有效并体系化地学习

以从基础汉字到组合汉字的顺序排列，难度逐次提高。

并各章以类别分类。

・由绘画构成的象形文字（例：第 2 章，第 3 章）

・由符号构成的指事文字（例：第 5 章）

・由词意结合构成的会意文字（例：第 12 章）

・留有一部分发音的形声文字（例：学，校，先・・・）

要点 2　边学汉字便可以增加日常生活中必需的词汇量

提供了许多在日常生活中常用的词汇和例文。本书特别在汉字字意词汇的基础上，广泛使用了日本语教科书中的词汇。

要点 3　能写出易读端正漂亮的汉字

正确的笔顺是掌握正确的汉字的第 1 步。为方便独学者学习，在汉字上附上笔顺数字，使您能够书写易读且美丽的汉字。字型采用森泽（morisawa）的 UD 数码教科书体。是初学日语汉字者容易分辨汉字字形，不易出错的字体。请您按照字体写出端正的汉字。

要点 4　可以边欣赏边学习

为方便您熟知汉字的构成，卷末附有笔记。就像玩游戏的感觉学习汉字，可以提高您对汉字的理解与掌握能力。

本丛书的使用方法

在开始学习汉字之前，请首先阅读《有关开始学习汉字事宜》，确认学习汉字的要点。在学习过程中，也要经常确认，注意字形、笔顺。

第 1 步，　利用导入插图，要理解这 1 章出现的汉字。
第 2 步，　确认新学汉字边上的训读・音读及结尾假名
第 3 步，　要确认汉字下面的笔画数字。
第 4 步，　按照笔顺箭头，首先在浅色字上练习。然后看着范本反复书写，记住正确的字形。
第 5 步，　进入读汉字 写汉字问题练习。记住词汇的意思、读法、正确的写法。
第 6 步，　进入复习、问答、成绩测验

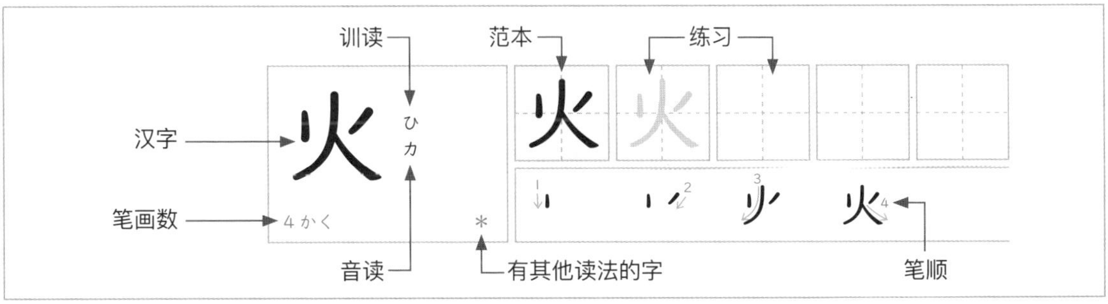

复习

为确认所学汉字的掌握程度，逐章复习并解题。用于确认并发现自己不熟悉的汉字。

问答

为变换花样，愉快的学习，附有问答。请用于作业及考试。

成绩测验

5 章 1 次。通过成绩测验，检查自己的水平。

学习汉字 ☑ → 复习 ☑ → 问答 ☑ → 成绩测验 ☑ → 笔记 ☑

目录

为把握理解程度，添加了检查栏 ☑、学习日期栏（　／　）。无论您是独学者还是授课学习者，请用于制定学习计划及掌握程度的确认。

读法

在常用汉字表中，指出了符合 N5 的汉字。在具有难易度较高的读音的汉子里注了 ＊ 号，并在卷末收录到（其他的读音）里。

ĐẶC TRƯNG GIÁO TRÌNH

Đặc trưng 1: **Có thể học tập một cách hiệu quả và có hệ thống**

Bố cục sách được sắp xếp tăng dần về độ khó từ những chữ Hán cơ bản đến những chữ Hán phức tạp được cấu thành từ các chữ Hán cơ bản ban đầu.

Ngoài ra, mỗi chương học đều được phân loại theo từng nhóm riêng biệt.

- Chữ tượng hình, là chữ được hình thành từ hình vẽ (Ví dụ: chương 2, chương 3)
- Chữ chỉ sự, là chữ được hình thành từ ký hiệu (Ví dụ: chương 5)
- Chữ hội ý, là chữ được hình thành từ việc ghép các phần có ý nghĩa với nhau (Ví dụ: chương 12)
- Chữ tượng thanh, là chữ có một phần chỉ thanh (Ví dụ: 学、校、先 ...)

Đặc trưng 2: **Vừa học chữ Hán vừa nâng cao vốn từ cần thiết cho cuộc sống**

Người biên soạn sách đã chọn lọc và đưa ra những từ vựng và câu ví dụ gần gũi mà bạn đọc sẽ được tiếp xúc thường xuyên trong cuộc sống hàng ngày. Đặc biệt, bên cạnh những từ vựng cơ bản biểu thị ý nghĩa mặt chữ của từng chữ Hán, người biên soạn cũng đưa vào những từ vựng xuất hiện nhiều trong những giáo trình tiếng Nhật đang được sử dụng rộng rãi.

Đặc trưng 3: **Có thể học được cách viết chữ Hán đẹp, dễ nhìn**

Trình tự nét chữ đúng là bước đầu tiên để học chữ cái một cách chính xác. Để những bạn đọc tự học một mình cũng có thể nắm được trình tự các nét chữ, mỗi chữ cái đều được đánh số thứ tự cho từng nét, giúp bạn đọc học được cách viết đẹp, dễ nhìn. Ngoài ra, giáo trình đã lựa chọn font chữ dành cho giáo trình điện tử UD của công ty thiết kế Morisawa. Đây là font chữ có thể giúp người học, kể cả những ai lần đầu tiên tiếp xúc với chữ cái tiếng Nhật, cũng có thể dễ dàng nắm bắt hình thái chữ viết, mà không bị nhầm lẫn. Bạn đọc hãy quan sát kỹ chữ mẫu và nắm vững hình thái chuẩn của chữ.

Đặc trưng 4: **Vừa vui vừa học**

Để bạn đọc hiểu rõ về sự hình thành của chữ Hán, giáo trình đã tổng hợp lại dưới hình thức "sổ tay" ở cuối sách. Bằng việc học dưới hình thức trò chơi, sẽ mang đến cho bạn đọc cảm giác thân quen với chữ Hán và giúp nâng cao mức độ hiểu, thuộc bài.

CÁCH SỬ DỤNG GIÁO TRÌNH

Trước khi bắt đầu học, bạn đọc hãy tham khảo phần "Trước khi bắt đầu học chữ Hán" để nắm được những điểm mấu chốt cần lưu ý khi học chữ Hán. Trong suốt quá trình học, cũng cần phải thường xuyên xác nhận lại những điểm lưu ý này, đồng thời luôn ý thức về hình thái chữ viết cũng như trình tự nét chữ.

BƯỚC 1: Sử dụng hình ảnh minh họa để vào bài, qua đó nắm được những chữ Hán sẽ xuất hiện trong chương học sắp tới.

BƯỚC 2: Xác nhận cách đọc âm ON, âm KUN, hậu tố Kana (Okurigana) được giải thích bên cạnh chữ Hán mới học.

BƯỚC 3: Xác nhận số nét chữ được ghi bên dưới chữ Hán.

BƯỚC 4: Đầu tiên, hãy tô đè lên nét chữ đã được làm mờ, theo hướng mũi tên chỉ trình tự viết. Sau đó, vừa nhìn chữ mẫu vừa viết lại nhiều lần để thuộc lòng hình thái chữ đúng.

BƯỚC 5: Làm bài tập ở phần "Cùng đọc chữ Hán" và "Cùng viết chữ Hán". Đây là phần luyện tập để nhớ ý nghĩa, cách đọc, cách viết đúng của từ vựng.

BƯỚC 6: Lần lượt hoàn thành tiếp phần ôn tập, câu đố và bài kiểm tra thành tích.

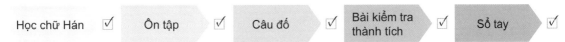

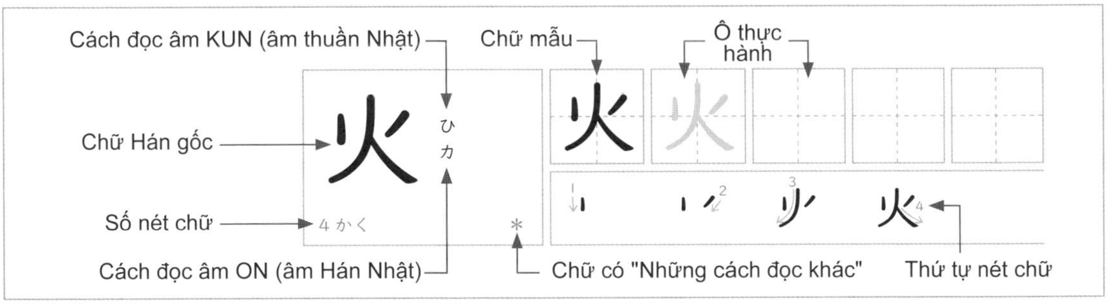

Ôn tập

Giải bài tập ôn tập ở cuối mỗi chương sẽ giúp xác nhận lại mức độ hiểu và thuộc chữ Hán đã học. Hãy tận dụng tốt phần này để xác nhận kiến thức và tìm ra những chữ Hán mà bạn còn yếu.

Câu đố

Giáo trình cũng có phần câu đố, giúp thay đổi không khí học tập, khiến cho việc học trở nên vui vẻ, thỏa mái hơn. Hãy tận dụng tốt phần này như một phần bài tập và kiểm tra.

Bài kiểm tra thành tích

Đây là bài kiểm tra sau mỗi 5 chương học. Hãy tiến hành làm bài kiểm tra và tự xác nhận trình độ của bản thân.

Học chữ Hán ☑ → Ôn tập ☑ → Câu đố ☑ → Bài kiểm tra thành tích ☑ → Sổ tay ☑

Mục lục

Để giúp bạn đọc nắm được mức độ hiểu bài của bản thân, giáo trình có sẵn cột đánh dấu tích ☑ và cột ghi chú ngày tháng học（ ／ ）. Dù là tự học hay sử dụng giáo trình trong giờ học trên lớp, bạn đọc cũng hãy tận dụng phần này cho việc lên kế hoạch học tập, cũng như xác nhận mức độ hiểu bài, thuộc bài của mình.

Cách đọc

Trong những cách đọc được nêu ra ở bảng chữ Hán thông dụng, người biên soạn đã chọn lọc và đưa ra những cách đọc tương ứng với trình độ N5. Những chữ Hán có thêm những cách đọc khó sẽ được đánh dấu ＊ và được tổng hợp lại trong mục "Những cách đọc khác" ở cuối sách.

漢字学習を始めるにあたって

漢字学習は、漢字の意味と読み方（音訓）、字形（正しい筆順）、画数の習得がポイントです。

1．訓読みと音読み

漢字の読み方には、訓読みと音読みがあります。

・訓読み：日本語の意味がふくまれています。ひらがなで書きます。

・音読み：中国の読み方をもとに読みます。カタカナで書きます。

2．送りがな

日本語を文字であらわす場合、「見る」「新しい」のようなことばは、漢字とひらがなを使って書きます。ひらがなで書く部分を「送りがな」といいます。

語幹	語尾（送りがな）	語幹	語尾（送りがな）
見	る	新	しい
見	ます	新	しく
見	た	新	しかった

3．画数

漢字は、たくさんの線で書きます。たとえば、「口」という漢字は、「丨」、「𠃍」、「口」のように三本の線で書きます。これは「3画」です。これを「画数」といいます。

4．筆順

筆順は正確で整った字を書くためのものです。基本のルールを覚えたら、正しい形の漢字を書くことができます。

名称	てん	よこ	たて	はらい	おれ	まがり	はね	とめ
例	丶	一	丨	ノ八	国	花	亅	木

ルール1　上から下へ

A：上の点画から　　例；三、言

B：上の部分から　　例；金、字

明	日	山	へ	行	き	ま	す

ルール2　左から右へ

A：左の点画から　　例；川、学

B：左の部分から　　例；竹、外

学	生	が	三	人	い	ま	す

（参考）『新しい国語表記ハンドブック第八版』（2018）三省堂

To Start Your Kanji Learning

The important points of acquiring kanji are meanings and readings (On/Kun), forms (correct stroke orders) and the number of strokes.

1. On and Kun-yomi

Kanji have On and Kun-yomi (Japanese and Chinese readings).
 -Kun-yomi represents meanings in Japanese; written in hiragana.
 -On-yomi is pronounced based on Chinese; written in katakana.

2. Declensional Kana Endings (Okurigana)

When describing Japanese with letters and characters, words such as “ 見(み)る ” and “ 新(あたら)しい ” are written using kanji and hiragana. The part that forms the base of a word is called a “root” and written with kanji. The part conjugated is called a “declensional kana ending” and written with hiragana.

Root	Declensional Ending (Okurigana)	Root	Declensional Ending (Okurigana)
見(み)	る	新(あたら)	しい
見(み)	ます	新(あたら)	しく
見(み)	た	新(あたら)	しかった

3. Number of Strokes

Kanji is written with many lines. For example, a character “ 口(くち) ” consists of three lines, “ 丨 ”, “ 冂 ” and “ 口 ”. That is, this kanji character has “three strokes.” This is called the “number of strokes.”

4. Stroke Order

A stroke order is for writing accurate and beautiful characters. By remembering basic rules, you can write kanji in the correct form.

Name	Ten	Yoko (horizontal stroke)	Tate (vertical stroke)	Harai	Ore	Magari	Hane	Tome
Example	丶	一	丨	ノ ＼	国	花	亅	木

Rule 1: From top to bottom

A: From the Ten stroke on the top
 Example: 三 , 言

B: From the stroke on the top
 Example: 金 , 字

明	日	山	へ	行	き	ま	す

Rule 2: From left to right

A: From the Ten stroke on the left
 Example: 川 , 学

B: From the stroke on the left
 Example: 竹 , 外

学	生	が	三	人	い	ま	す

Reference: Sanseido Publishing, 2018. Atarashii Kokugo Hyoki Handobukku, Ver. 8.
(New Handbook for Japanese Notation, Ver. 8)

有关开始学习汉字事宜

学习汉字要点是。掌握汉字的意思和读法（音训）。字形（正确的笔顺）。笔画数。

1・训读与音读

汉字读法有训读和音读

- 训读：包括日语意思。用平假名写。
- 音读：以汉语读法为基础。用片假名写。

2・结尾假名「送(おく)りがな」

日语用文字表现时。「見(み)る」「新(あたら)しい」像这样的单词用汉字和平假名写。用平假名写的部分被称为「送(おく)りがな」。

词干	词尾（送(おく)りがな）	词干	词尾（送(おく)りがな）
見(み)	る	新(あたら)	しい
見(み)	ます	新(あたら)	しく
見(み)	た	新(あたら)	しかった

3．笔画数

汉字用许多线书写。比如。「口(くち)」这个汉字。「丨」「冂」「口」这样写。这是 3 画。

4．笔顺

笔顺是。书写正确及端正的汉字必不可少的条件。只要记住基本规则。就可以正确书写汉字。

名称	点	横	竖	纳	竖钩	弯曲	撇	停止
例	丶	一	丨	ノ㇏	国	花	ノ亅	木

规则 1　从上到下

A：从上面的点开始　例：三，言

B：从上开始　　　　例：金，字

明	日	山	へ	行	き	ま	す

规则 2　从左到右

A：从左边的点开始　例：川，学

B：从左边开始　　　例：竹，外

学	生	が	三	人	い	ま	す

（参考）『新国语表记手册第 8 版』（2018）三省堂

TRƯỚC KHI BẮT ĐẦU HỌC CHỮ HÁN

Điểm mấu chốt khi học chữ Hán là phải nắm được ý nghĩa, cách đọc (âm ON và âm KUN), hình thái chữ (trình tự viết đúng), và số nét của chữ Hán.

1. Cách đọc âm KUN (âm thuần Nhật) và cách đọc âm ON (âm Hán Nhật)

Chữ Hán có 2 cách đọc là cách đọc âm KUN và cách đọc âm ON

Cách đọc âm KUN: Là cách đọc bao hàm ý nghĩa của từ thuần Nhật. Được biểu thị bằng chữ Hiragana.

Cách đọc âm ON: Là cách đọc dựa trên cách đọc của tiếng Trung. Được biểu thị bằng chữ Katanaka.

2. Hậu tố Kana (Okurigana)

Khi biểu thị từ thuần Nhật bằng chữ viết, người ta sử dụng cả chữ Hán và chữ Hiragana, ví dụ như " 見(み)る ", " 新(あたら)しい ". Phần được viết bằng chữ cái Hiragana được gọi là hậu tố Kana (Okurigana).

Gốc từ	Hậu tố Kana (Okurigana)	Gốc từ	Hậu tố Kana (Okurigana)
見(み)	る	新(あたら)	しい
見(み)	ます	新(あたら)	しく
見(み)	た	新(あたら)	しかった

3. Số nét chữ

Chữ Hán được viết từ rất nhiều đường nét. Ví dụ, chữ Hán " 口(くち) " sẽ được viết từ 3 đường như sau

Đây là chữ Hán có "3 nét". Con số này gọi là "số nét" của một chữ Hán.

4. Thứ tự nét chữ

Thứ tự nét chữ là nguyên tắc để đảm bảo viết được một chữ Hán đúng và đẹp. Nếu nhớ được quy tắc cơ bản, sẽ viết được chữ Hán đúng.

Tên nét	chấm	ngang	dọc	phẩy	gập	cong móc	hất	dừng
Ví dụ	丶	一	丨	ノ ㇏	国	花	㇀ 亅	木

Quy tắc 1: Viết từ trên xuống dưới

A: Viết từ nét trên cùng

Ví dụ: 三 , 言

B: Viết từ phần (gồm nhiều nét) trên cùng

Ví dụ: 金 , 字

明	日	山	へ	行	き	ま	す

Quy tắc 2: Viết từ trái sang phải

A: Viết từ nét bên trái

Ví dụ: 川 , 学

B: Viết từ phần (gồm nhiều nét) bên trái

Ví dụ: 竹 , 外

学	生	が	三	人	い	ま	す

(Nguồn tham khảo) "Sổ tay chữ quốc ngữ mới tái bản lần thứ 8" (2018) Sanseido

1章（しょう）　すうじ

Number
数字
Chữ số

すうじの　かんじを　べんきょうします。

一

二

三

四

五

六

七

八

九

十

百

千

万

円

¥

一　ひと－つ イチ （イッ－） 1かく ＊	一	一				
	1→ 一					
二　ふた－つ ニ 2かく ＊	二	二				
	1→ 一　二 2→					

◆ かんじを　よみましょう。

①サンドイッチを　一つと　コーヒーを　二つ　おねがいします。
（　　つ）（　　つ）

②100えんの　きってを　一まい　ください。
（　　まい）

③一がつは　なんにち　ありますか。
（　　がつ）

④一にちに　ビールを　一ぽん　のみます。
（　　にち）（　　ぽん）

⑤うけつけは　二かいです。
（　　かい）

◆ かんじを　かきましょう。

①ひとつ　（　　つ）　②いちまい　（　　まい）

③いちにち　（　　にち）　④いっこ　（　　こ）

⑤いっぽん　（　　ぽん）　⑥ふたつ　（　　つ）

⑦にだい　（　　だい）　⑧にがつ　（　　がつ）

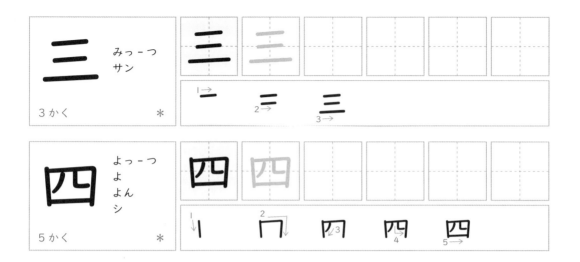

三	みっ-つ サン	3かく ＊
四	よっ-つ よ よん シ	5かく ＊

◆ かんじを　よみましょう。

① レモンを　三つと　りんごを　四つ　かいます。
（　つ）（　つ）

② さいふに　一まんえんさつが　三まい　あります。
（　まんえんさつ）（　まい）

③ 一にちに　四じかん　べんきょうを　します。
（　にち）（　じかん）

④ えんぴつを　四ほん　かいました。
（　ほん）

⑤ 四がつに　にゅうがくしきが　あります。
（　がつ）

◆ かんじを　かきましょう。

① みっつ（　つ）　② さんまい（　まい）

③ さんぼん（　ぼん）　④ さんさい（　さい）

⑤ よっつ（　つ）　⑥ よんほん（　ほん）

⑦ よじかん（　じかん）　⑧ しがつ（　がつ）

五　いつ-つ　ゴ　4かく　＊	五	五				
	一　丁　万　五					
六　むっ-つ　ロク　（ロッ-）　4かく　＊	六	六				
	丶　亠　六　六					

◆ かんじを　よみましょう。

① スーパーで　トマトを　五つ　かいました。
　　　　つ

② A：なんにん　かぞくですか。　B：五にん　かぞくです。
　　　　にん

③ 五がつは　やすみが　たくさん　あります。
　　　　がつ

④ 六がつは　あめが　おおいです。
　　　　がつ

⑤ A：そこに　ワインが　なんぼん　ありますか。　B：六ぽん　あります。
　　　　ぽん

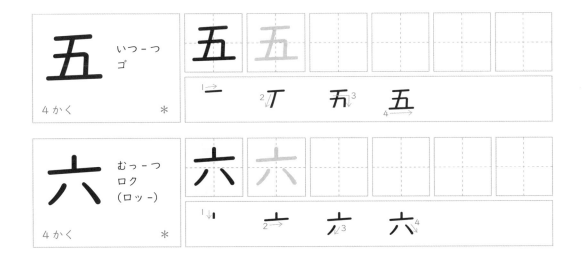

◆ かんじを　かきましょう。

① いつつ　＿＿つ　② ごにん　＿＿にん

③ ごがつ　＿＿がつ　④ ごかい　＿＿かい

⑤ むっつ　＿＿つ　⑥ ろくがつ　＿＿がつ

⑦ ろくじ　＿＿じ　⑧ ろっぽん　＿＿ぽん

七 なな－つ シチ 2かく ＊	七	七				
	一 七					
八 やっ－つ ハチ （ハッ－） 2かく ＊	八	八				
	ノ 八					

◆ かんじを　よみましょう。

① A：パソコンうりばは　なんかいですか。　B：七かい　です。
（　　かい）

② 七がつに　たなばたが　あります。
（　　がつ）

③「七五三」は　こどもの　おいわいです。
（　　）

④ にほんの　八がつは　あついです。
（　　がつ）

⑤ シュークリームを　八こ　かいましょう。
（　　こ）

◆ かんじを　かきましょう。

① ななつ（　　つ）　② ななまい（　　まい）

③ しちがつ（　　がつ）　④ しちごさん（　　）

⑤ やっつ（　　つ）　⑥ はちがつ（　　がつ）

⑦ はっぽん（　　ぽん）　⑧ はちまい（　　まい）

九	ここの－つ キュウ ク	2かく　＊

九　九

ノ　九

十	とお ジュウ ジッ	2かく　＊

十　十

一　十

◆ かんじを　よみましょう。

① きょうは　パーティーです。ケーキを　九こ　かいました。
　　　　こ

② きのう　九じから　十じまで　テレビを　みました。
　　　　じ　　　じ

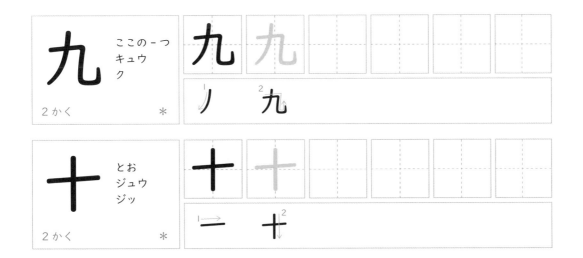

③ やきゅうは　九にんで　一つの　チームです。
　　　　にん　　　つ

④ A：たんじょうびは　いつですか。　B：九がつ　十かです。
　　　　がつ　　　か

⑤ うちから　がっこうまで　でんしゃで　二十ぷんです。
　　　　ぷん

◆ かんじを　かきましょう。

① ここのつ　＿＿つ　② ここのか　＿＿か

③ きゅうにん　＿＿にん　④ くじ　＿＿じ

⑤ とおか　＿＿か　⑥ じゅうにん　＿＿にん

⑦ じゅうじ　＿＿じ　⑧ さんじっぷん　＿＿ぷん

百	ヒャク (ヒャッ -) (- ビャク) (- ピャク)	百	百				
6 かく		一	ア	丆	丆	百	百

千	セン (- ゼン)	千	千				
3 かく　＊		ノ	二	千			

◆ かんじを　よみましょう。

① アークアカデミーに　あたらしい　がくせいが　百にん　きました。
　　　　　　　　　　　　　　　　　　　　　　　　　　　にん

② 一ねんは　三百六十五にちです。
　　　　ねん　　　　　　　　　　　　　　　　にち

③ いま　さいふに　千えんさつが　ありません。
　　　　　　　　　　えんさつ

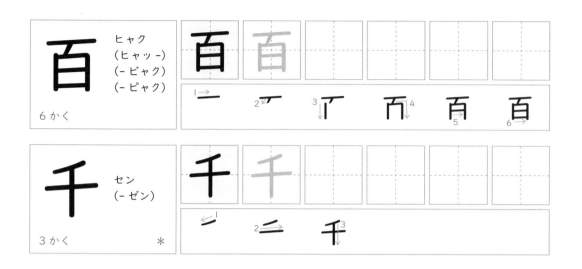

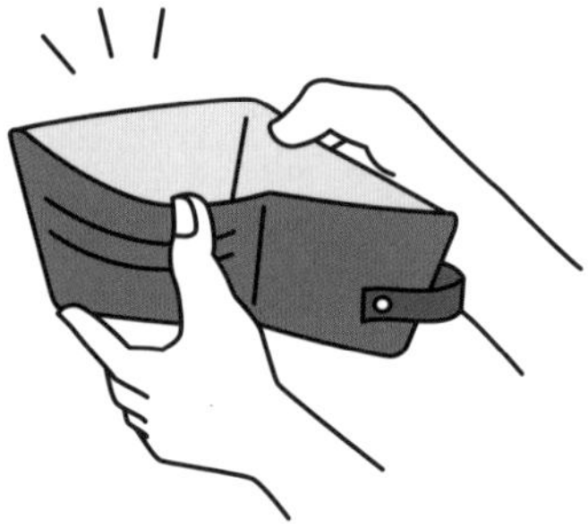

④ このかばんは　九千八百えんでした。
　　　　　　　　　　　　　　　えん

⑤ 三千えんの　くつを　かいました。
　　　　　えん

◆ かんじを　かきましょう。

① ひゃくにん　　　　　　にん　　② ひゃっこ　　　　　　　こ

③ さんびゃくにん　　　　にん　　④ ろっぴゃくえん　　　　えん

⑤ せんにん　　　　　　　にん　　⑥ はっせんえん　　　　　えん

⑦ さんびゃくろくじゅうごにち　　　　　　　　　　にち

万　マン　3かく　＊	万 万	一 丆 万
円　エン　4かく　＊	円 円	丨 冂 冂 円

◆かんじを　よみましょう。

① さくらだいがくは　がくせいが　一万九千にん　います。
　　　　　　　　　　　　　　　　　　　　　　にん

② わたしの　まちは　七百万にんの　ひとが　すんでいます。
　　　　　　　　　　　　　　にん

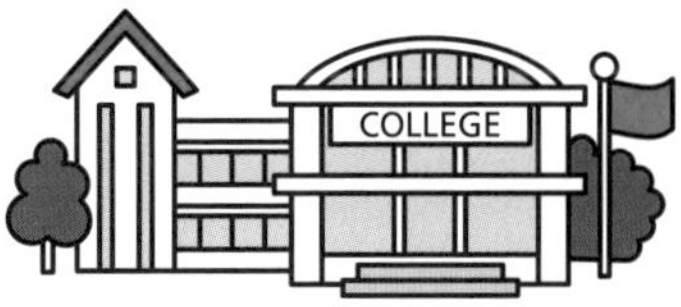

③ いま　一万円さつを　もっていますか。
　　　　　　　さつ

④ A：このくるまは　いくらですか。　B：三百万円です。

⑤ 五百ドルを　円に　かえてください。
　　　　ドル

◆かんじを　かきましょう。

① にまんにん　　　　にん　② ごひゃくまんにん　　　　にん

③ ひゃくえん　　④ せんえん

⑤ いちまんえん　　⑥ じゅうまんえん

⑦ ひゃくまんえん　　⑧ いっせんまんえん

1章(しょう)　ふくしゅう

1. かんじを　よみましょう

① すみません。みずを　三つ　ください。	① 　　つ
② つくえの　うえに　コップが　五つ　あります。	② 　　つ
③ ペンを　一ぽん　かいました。	③ 　　ぽん
④ すみません。きってを　二まい　ください。	④ 　　まい
⑤ まいあさ　九じに　じゅぎょうが　はじまります。	⑤ 　　じ
⑥ でんしゃで　四十ぷん　かかります。	⑥ 　　ぷん
⑦ レストランは　七かいに　あります。	⑦ 　　かい
⑧ このふくは　三千円でした。	⑧
⑨ ここから　しぶやまで　四百円です。	⑨
⑩ がくせいが　三百にん　います。	⑩ 　　にん

2. かんじを　かきましょう

① きのうは　よじかん　ねました。	① 　　じかん
② しちごさんは　こどもの　おいわいです。	②
③ わたしは　アパートの　にかいに　すんでいます。	③ 　　かい
④ テーブルに　みかんが　ろっこ　あります。	④ 　　こ
⑤ じゅうまんえんの　パソコンを　かいました。	⑤
⑥ パーティーの　かいひは　きゅうせんえんです。	⑥
⑦ サッカーは　じゅういちにんで　一(ひと)つの　チームです。	⑦ 　　にん
⑧ かさたてに　かさが　はっぽん　あります。	⑧ 　　ぽん
⑨ このおべんとうは　ろっぴゃくえんでした。	⑨
⑩ いちにちに　二(に)じかん　にほんごを　べんきょうします。	⑩ 　　にち

ひにちの　よみかた

12がつ

SUN	MON	TUE	WED	THU	FRI	SAT
				1 ついたち	2 ふつか	3 みっか
4 よっか	5 いつか	6 むいか	7 なのか	8 ようか	9 ここのか	10 とおか
11 じゅう いちにち	12 じゅう ににち	13 じゅう さんにち	14 じゅう よっか	15 じゅう ごにち	16 じゅう ろくにち	17 じゅう しちにち
18 じゅう はちにち	19 じゅう くにち	20 はつか	21 にじゅう いちにち	22 にじゅう ににち	23 にじゅう さんにち	24 にじゅう よっか
25 にじゅう ごにち	26 にじゅう ろくにち	27 にじゅう しちにち	28 にじゅう はちにち	29 にじゅう くにち	30 さんじゅう にち	31 さんじゅう いちにち

かずの　かぞえかた

1	2	3	4	5	6	7	8	9	10
ひとつ	ふたつ	みっつ	よっつ	いつつ	むっつ	ななつ	やっつ	ここのつ	とお
いっこ	にこ	さんこ	よんこ	ごこ	ろっこ	ななこ	はっこ はちこ	きゅうこ	じっこ じゅっこ

1章（しょう） クイズ

1. ちいさいほうから　ならべましょう。

れい　八　三　四　　三 < 四 < 八

① 九　二　七　　□ < □ < □

② 五　八　六　　□ < □ < □

③ 万　千　百　　□ < □ < □

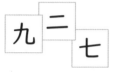

2. かんじで　かずを　かぞえましょう。よみかたも　かきましょう。

れい

三　にん

〔さん　にん〕

①

□　ぽん

〔　　ぽん〕

②

□　だい

〔　　だい〕

③

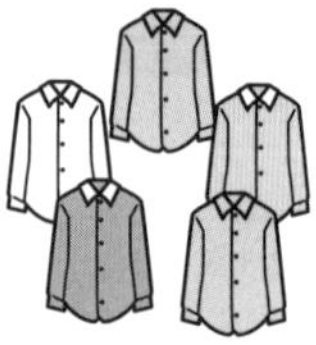

□　まい

〔　　まい〕

④

□　こ

〔　　こ〕

⑤

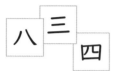

□　さつ

〔　　さつ〕

3. あわせて　いくらですか。かんじを　かきましょう。

れい　Tシャツ ¥1,000 ＋かばん ¥2,500 ＝ 三千五百円

① シャープペン ¥200 ＋ノート ¥480 ＝ □□□□□

② ハンバーガー ¥300 ＋ジュース ¥170 ＝ □□□□□

③ でんしじしょ ¥30,000 ＋でんち ¥107 ＝ □□□□□

④ マンション ¥50,000,000

＋くるま ¥2,000,000 ＝ □□□□□□

⑤ パン ¥500 ＋ワイン ¥1,780 ＝ □□□□□□□

4. はがきに　じゅうしょを　かきましょう。

すずき　たかし　さんへ

じゅうしょ
とうきょうと　ぶんきょうく
にしこうらく　① 2-14-9
アークビル　② 3がい

やました　けいこ　より

じゅうしょ
しんじゅくく　しんじゅくきた
③ 6-17-18
ARCハイツ　④ 503

郵便はがき
□□□-□□□□

とうきょうと　ぶんきょうく
にしこうらく①　-　-
アークビル②　がい

すずき　たかし　さま

しんじゅくく　しんじゅくきた
③　-　-
ARCハイツ④
やました　けいこ

2章(しょう) カレンダー

Calendar
日历
Ngày tháng

えから　できた　かんじです。
カレンダーの　かんじを　べんきょうしましょう。

月

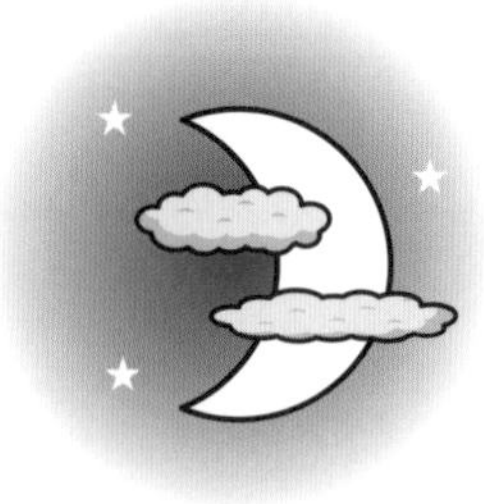

火

水

木

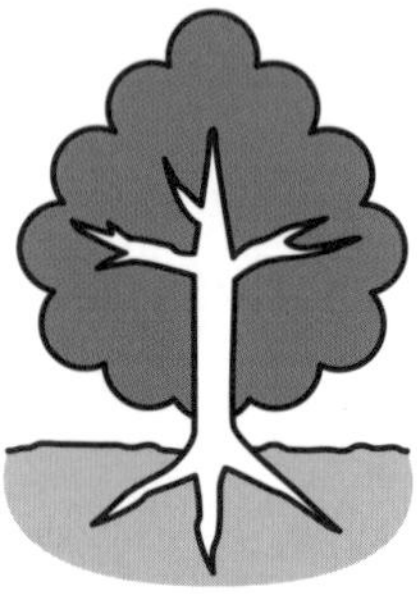

金

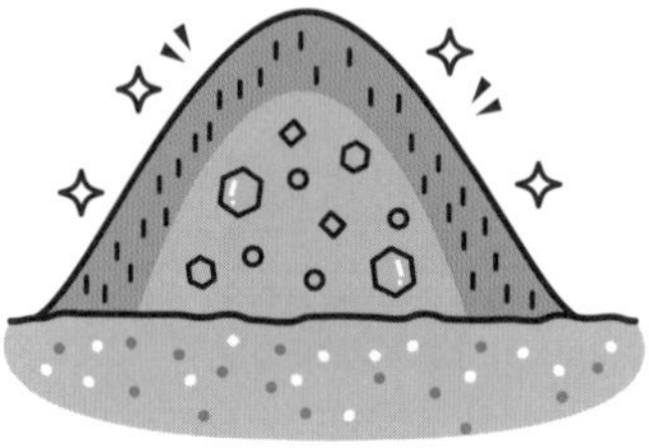

土

日

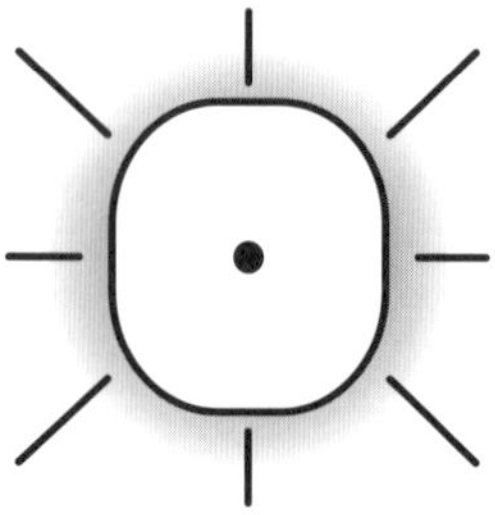

年

月　つき　ゲツ　ガツ　4かく	月	月				
	丿	冂	月	月		
火　ひ　カ　4かく　＊	火	火				
	丶	丷	少	火		

◆ かんじを　よみましょう。

① こんやの　月は　とても　きれいです。

② らいしゅうの　月ようびに　テストが　あります。
　　　　　　　　ようび

③ こん月　くにへ　かえります。
　こん

④ 9月は　しゅくじつが　2か　あります。
　く

⑤ だんろの　火は　あたたかいです。

◆ かんじを　かきましょう。

① つき

② げつようび　ようび

③ こんげつ　こん

④ 1かげつ　1か

⑤ 11がつ　11

⑥ ひ

⑦ たばこの　ひ　たばこの

⑧ かようび　ようび

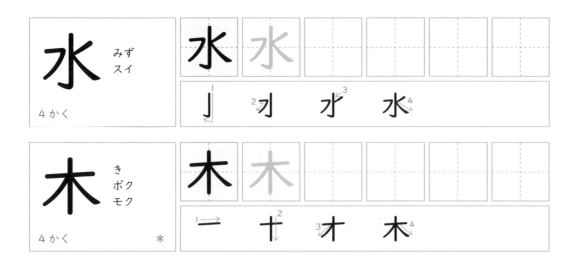

水 みず スイ 4かく	水	水				

木 き ボク モク 4かく ＊	木	木				

◆ かんじを　よみましょう。

① のどが　かわきました。水が　のみたいです。

② 水ようびは　えいがが　やすいです。
　　ようび

③ えきの　まえに　さくらの　木が　あります。
　　さくらの

④ このこうえんは　ふるい　たい木が　ゆうめいです。
　　たい

⑤ まいしゅう　木ようびに　かいぎが　あります。
　　ようび

◆ かんじを　かきましょう。

① みず

② すいようび　ようび

③ すいえい　えい

④ こうすい　こう

⑤ りんごの き　りんごの

⑥ たいぼく　たい

⑦ もくようび　ようび

金 かね キン 8かく ＊	金	金				
	ノ	人	今	全	金	金
土 つち ド 3かく ＊	土	土				
	一	十	土			

◆ かんじを　よみましょう。

① レジで　お金を　はらいます。
お

② デパートで　金の　ネックレスを　かいました。

③ 金ようびに　みんなで　おさけを　のみに　いきます。
ようび

④ 土から　ちいさい　めが　でました。

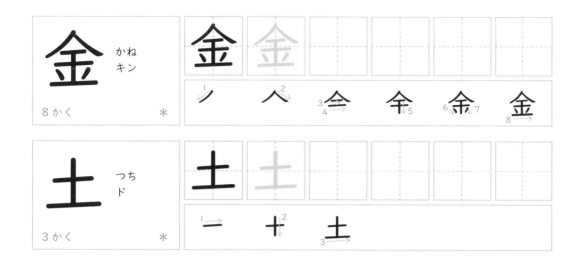

⑤ まいしゅう　土ようびは　やすみです。
ようび

◆ かんじを　かきましょう。

① おかね　お

② きん

③ きんようび　ようび

④ げんきん　げん

⑤ りょうきん　りょう

⑥ つち

⑦ どようび　ようび

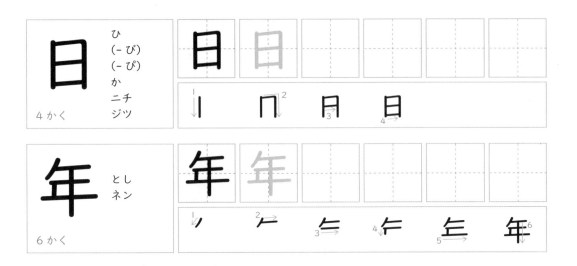

日	ひ (-び) (-ぴ) か ニチ ジツ	4かく
年	とし ネン	6かく

◆ かんじを　よみましょう。

① らいしゅうの　日よう日は　ははの日です。
　よう　ははの

② せい年月日を　おしえてください。
　せい

③ 七月七日は　たなばたです。

④ まい年　たんじょう日に　はなを　あげます。
　まい　たんじょう

⑤ ２年まえ　イタリアへ　りょこうに　いきました。
　に　まえ

◆ かんじを　かきましょう。

① ちちのひ　ちちの

② たんじょうび　たんじょう

③ きゅうじつ　きゅう

④ むいか

⑤ せいねんがっぴ　せい

⑥ とし

⑦ 2025ねん　2025

⑧ きょねん　きょ

2章(しょう)　ふくしゅう

1. かんじを　よみましょう

① 3年まえに　にほんへ　きました。	① さん
② つめたい　水が　のみたいです。	②
③ ここに　せい年月日を　かいてください。	③ せい
④ やましたさんは　１か月まえに　けっこんしました。	④ いっか
⑤ らい月　ともだちが　にほんへ　あそびに　きます。	⑤ らい
⑥ いま　お金が　ぜんぜん　ありません。	⑥ お
⑦ きゅう日は　うちで　ゆっくり　やすみます。	⑦ きゅう
⑧ こどもに　木の　おもちゃを　プレゼントしました。	⑧
⑨ まいしゅう　火よう日に　かいわの　れんしゅうをします。	⑨ 　　よう
⑩ 五月五日は　こどもの　日(ひ)です。	⑩

2. かんじを　かきましょう

① いつか　つきへ　いきたいです。	①
② げんきんで　とけいを　かいます。	② げん
③ こうえんに　さくらの　きが　たくさん　あります。	③ さくらの
④ きょねん　はじめて　にほんへ　きました。	④ きょ
⑤ たばこに　ひを　つけます。	⑤
⑥ なかやまさんの　としは　二十五(にじゅうご)さいです。	⑥
⑦ せんしゅうの　すいようびに　ほんを　かりました。	⑦ 　　よう
⑧ どようびに　ともだちと　えいがを　みに　いきます。	⑧ 　　よう
⑨ じゅうにがつに　くにへ　かえります。	⑨
⑩ あしたは　きんようびです。テストが　あります。	⑩ 　　よう

2章（しょう） クイズ

1. なんがつですか。〔　　　〕に　よみかたも　かきましょう。

（れい）にゅうがくしき

四 月

〔　しがつ　〕

① つゆ

□ 月

〔　　　　〕

② 七五三

□□ 月

〔　　　　〕

③ クリスマス

□□ 月

〔　　　　〕

2. なんがつ　なんにちですか。〔　　〕に　よみかたも　かきましょう。

（れい）がんじつ

Jan.

一 月 一 日

〔いちがつ　ついたち〕

① ひなまつり

Mar.

□□□□

〔　　　　〕

② こどものひ

May

□□□□

〔　　　　〕

③ たなばた

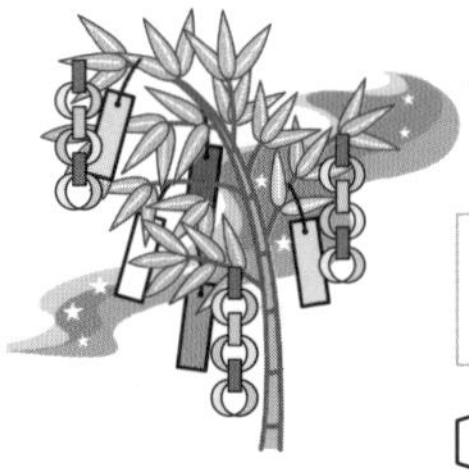

Jul.

□□□□

〔　　　　〕

3. カレンダーです。

（1）カレンダーに　かんじで　ようび（①～⑥）を　かきましょう。

9がつ

日	①〔　　〕	②〔　　〕	③〔　　〕	④〔　　〕	⑤〔　　〕	⑥〔　　〕
				1	2	3
4	5	6	7	8	9	10
11	12	13	14	15	16 テスト	17
18	19	20 たんじょうび	21	22	23	24 しょくじ
25	26	27	28	29	30	

（2）カレンダーを　みて　こたえましょう。□に　かんじ、〔　　〕に　よみかたを　かきましょう。

① Q：なんがつですか。　A：□□ です。
〔　　　〕

② Q：たんじょうびは　いつですか。　A：□□□ です。
〔　　　〕

③ Q：テストは　なんにちですか。なんようびですか。
A：□□□、□ よう □ です。
〔　　　〕〔　よう　〕

④ Q：たなかさんと　しょくじに　いきます。なんにちですか。なんようびですか。
A：□□□□、□ よう □ です。
〔　　　〕〔　よう　〕

3章(しょう) 人(ひと)

Person
人
Con người

えから　できた　かんじです。人(ひと)の　かんじを　べんきょうします。

人

口

目

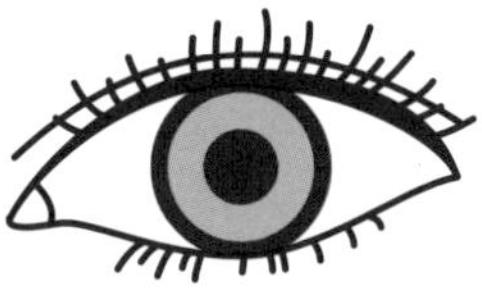

耳

手

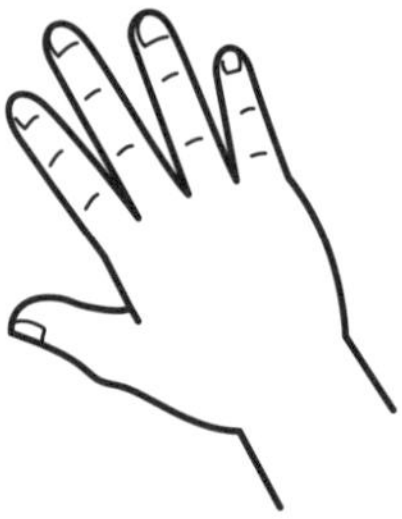

足

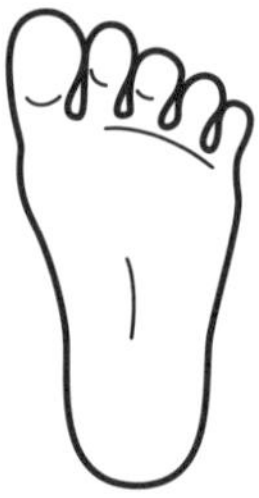

力

王

人	ひと ジン ニン	2かく
口	くち (-ぐち) コウ	3かく ＊

人 人

ノ 人

口 口

丨 冂 口

◆ かんじを　よみましょう。

① とうきょうは　人が　おおいです。

② にほん人は　よく　はたらきますか。

にほん

③ きょうの　パーティーに　なん人　きますか。

なん

④ 口を　あけてください。

⑤ とうきょうの　人口は　なん人ですか。

なん

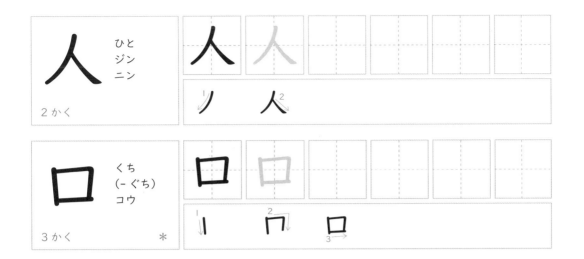

◆ かんじを　かきましょう。

① ひと

② アメリカじん　アメリカ

③ さんにん

④ なんにん　なん

⑤ おおきいくち　おおきい

⑥ くちべに　べに

⑦ かいさつぐち　かいさつ

⑧ じんこう

●とくべつなことば…一人：ひとり　二人：ふたり

目 め モク 5かく ＊	目	目				
	1 丨	2 ⺆	3 月	4 目	5 目	

耳 みみ ジ 6かく	耳	耳				
	1 一	2 丅	3 F	4 E	5 Ｅ	6 耳

◆ かんじを　よみましょう。

① 目が　あまり　よくないですから　めがねを　かけています。

② しんじゅくは　しぶやから　いくつ目の　えきですか。
いくつ

③ りゅうがくの　目てきは　なんですか。
てき

④ プールで　耳に　水が　はいりました。

⑤ 耳びかで　耳に　ピアスの　あなを　三つ　あけました。
びか　　　　つ

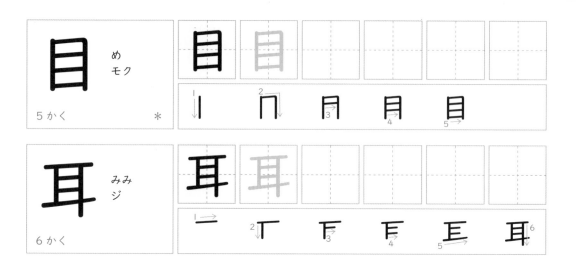

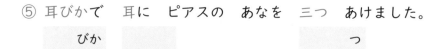

◆ かんじを　かきましょう。

① め

② めざましどけい　　ざましどけい

③ めぐすり　　ぐすり

④ ひとつめ　　つ

⑤ もくてき　　てき

⑥ みみ

⑦ じびか　　びか

手　て　シュ
4かく　＊

手　手

一　二　三　手

足　あし　た－す　ソク　(－ゾク)
7かく　＊

足　足

丨　口　尸　早　𧾷　足

◆ かんじを　よみましょう。

① にほん人は　手で　すしや　おにぎりを　たべます。
にほん

② くにの　ともだちに　手がみを　かきました。ゆうびんきょくで　きっ手を　かいます。
がみ　きっ

③ カレンさんは　モデルです。足が　ながくて　スタイルが　とても　いいです。

④ わたしは　くつを　三十足　もっています。

⑤ スープに　すこし　しおを　足してください。
して

◆ かんじを　かきましょう。

① てがみ　がみ　② きって　きっ

③ あくしゅ　あく　④ うんてんしゅ　うんてん

⑤ てあし　⑥ たす　す

⑦ いっそく　⑧ さんぞく

力 ちから リョク 2かく ＊	力	力				
	一 フ 力					
王 オウ 4かく	王	王				
	一 丁 干 王					

◆ かんじを　よみましょう。

① かれは　つよくて　力が　あります。

② 火力が　つよいです。きを　つけてください。

③ みんなで　きょう力して　しごとを　します。（きょう　　）

④ コンタクトレンズを　つくります。まず　し力を　しらべます。（し　　）

⑤ わたしの　くにに　王さまが　います。（　　さま）

◆ かんじを　かきましょう。

① ちから　［　　　］　② かりょく　［　　　］

③ きょうりょく　きょう［　　　］　④ しりょく　し［　　　］

⑤ がくりょくテスト　がく［　　　］テスト

⑥ おうさま　［　　　］さま

3章(しょう)　ふくしゅう

1. かんじを　よみましょう

① ジョンさんは　アメリカ人です。	① アメリカ
② わたしは　一人で　にほんへ　きました。	②
③ 足を　けがして　びょういんへ　いきました。	③
④ しぶやえきの　かいさつ口で　ともだちと　あいます。	④ かいさつ
⑤ あした　がっこうで　がく力テストが　あります。	⑤ がく　　テスト
⑥ いつも　目ざましどけいを　7じに　セットしています。	⑥ 　ざましどけい
⑦ きのう　耳びかへ　いきました。	⑦ 　びか
⑧ くにの　りょうしんに　手がみを　かきました。	⑧ 　がみ
⑨ ゆうびんきょくで　きっ手を　五(ご)まい　かいます。	⑨ きっ
⑩ とうきょうの　人口を　しっていますか。	⑩

2. かんじを　かきましょう

① ジョンさんは　ちからが　とても　つよいです。	①
② しんじゅくえきは　ひとが　とても　おおいです。	②
③ クラスの　がくせいは　ぜんぶで　にじゅうにん　います。	③
④ しんおおさかは　なごやから　ふたつめです。	④ 　つ
⑤ ドラッグストアで　めぐすりを　かいました。	⑤ 　ぐすり
⑥ わたしの　くにの　おうさまは　せが　たかいです。	⑥ 　さま
⑦ わたしの　ちちは　タクシーの　うんてんしゅです。	⑦ うんてん
⑧ みみが　いたいですから　びょういんへ　いきました。	⑧
⑨ デパートで　くつしたを　にそく　かいました。	⑨
⑩ スープに　しおを　たしてください。	⑩ 　して

3章 クイズ

1. かんじを　つくりましょう。

(れい)	ノ	＋	丶	＝	人
①	㇗	＋	㇕	＝	
②	口	＋	止	＝	
③	三	＋	亅	＝	
④	丅	＋	二	＝	
⑤	丅	＋	丰	＝	
⑥	㇇	＋	ノ	＝	

2. からだの　どこに　しますか。□に　かんじを　一つ　かきましょう。

(れい) 口べに　⇒　口

① くつ　⇒　□

② サングラス　⇒　□

③ ピアス　⇒　□

④ ゆびわ　⇒　□

⑤ うでどけい　⇒　□

⑥ ハイヒール　⇒　□

⑦ ヘッドホン　⇒　□

⑧ マニキュア　⇒　□

3. ぶんの　かんじを　よみましょう。

モデルの　かおりさんは　どんな　人？

① かおりさんは　目が　おおきいです。

② かおりさんは　足が　ながくて　スタイルが　いいです。

③ かおりさんの　手は　いつも　きれいです。

④ かおりさんは　耳に　ピアスの　あなが　五(いつ)つも　あります。

⑤ かおりさんは　しんせつで　すてきな　人です。

⑥ がくせいのとき　がく力テストで　いつも　一(いち)ばんでした。あたまが　いいです。

がく　　テスト

4. ぶんを　よんで　かんじを　かきましょう。

① きのう　おおきい　びょういんへ　いきました。□が　たくさん　いました。

② 日(にち)よう日(び)　サッカーをして　□を　けがしました。

③ きのう　一日中(いちにちじゅう)　テレビを　みました。□が　あかいです。

④ プールで　およぎました。水(みず)が　□に　はいって　いたいです。

⑤ ゆうべ　りょうりのとき　ほうちょうで　□を　きりました。

⑥ ふゆは　かんそうしますから　□に　リップクリームを　つけます。

⑦ たなかさんは　まいにち　うんどうしますから　つよくて　□が　あります。

手	人	耳	足	目	力	口

4章(しょう) しぜん ー1

Nature 1
自然1
Tự nhiên 1

えから　できた　かんじです。
しぜんの　かんじを　べんきょうします。

山

川

田

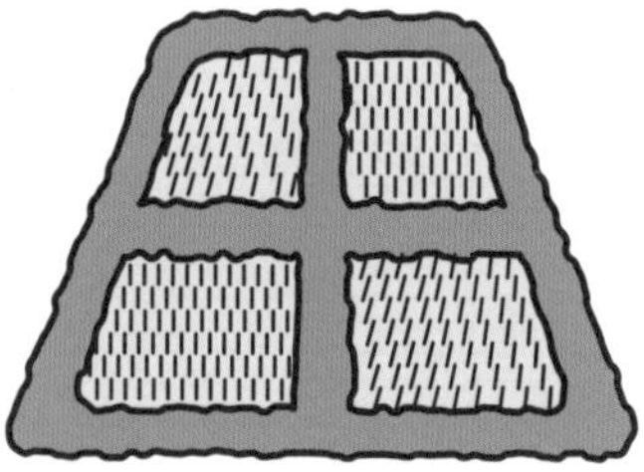

石

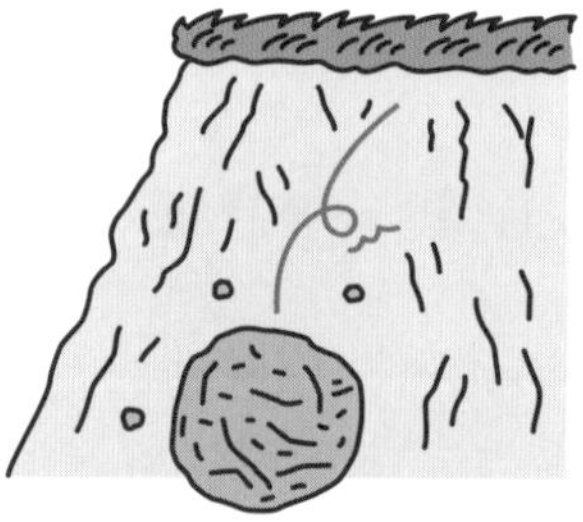

花

竹

雨

虫

山	やま サン (－ザン)	３かく
川	かわ (－がわ)	３かく ＊

◆ かんじを　よみましょう。

① にほんは　山が　たくさん　あります。

② 日よう日　ともだちと　いっしょに　ふじ山に　のぼりました。
よう　ふじ

③ まい日　山の手せんで　がっこうへ　いきます。
まい　の　せん

④ わたしの　くには　山や　川が　たくさん　あります。

⑤ ナイル川は　せかいで　一ばん　ながいです。
ナイル　ばん

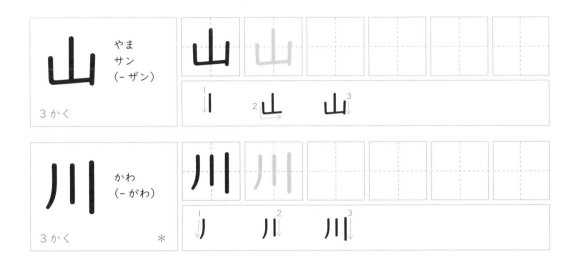

◆ かんじを　かきましょう。

① にほんの　やま　にほんの

② ふじさん　ふじ

③ かざん

④ かわ

⑤ アマゾンがわ　アマゾン

⑥ やまかわさん　さん

⑦ かわぐちさん　さん

田	た (－だ) デン	5かく
石	いし セキ	5かく ＊

◆ かんじを　よみましょう。

① とうきょうに　田んぼが　ありますか。
　　　　　　　　　＿んぼ

② 水田で　こめを　つくります。
　　＿＿＿＿

③ 川で きれいな　こ石を　ひろいました。
　　＿＿　　　　　こ＿＿

④ アンさんは　ダイヤモンドや　ルビーなどの　ほう石を　たくさん　もっています。
　　　　　　　　　　　　　　　　　　　　　　ほう＿＿

⑤ あぶないですから　石を　なげてはいけません。
　　　　　　　　　　＿＿

◆ かんじを　かきましょう。

① たんぼ　＿＿んぼ　　② すいでん　＿＿＿＿

③ やまださん　＿＿＿＿さん　　④ いし　＿＿

⑤ こいし　こ＿＿　　⑥ ほうせき　ほう＿＿

⑦ いしださん　＿＿＿＿さん

花 はな カ 7かく	花 花	一 十 艹 艹 芢 芲 花
竹 たけ チク 6かく	竹 竹	ノ ㇒ 𠂉 𥫗 竹 竹

◆ かんじを　よみましょう。

① テーブルの　うえの　花びんに　花を　いれてください。
　　　　　　　　　　　　　びん

② クリスマスに　バラの　花たばを　プレゼントします。
　　　　　　　　　　　　　　たば

③ 土よう日　ともだちと　こうえんへ　花火を　みに　いきました。
　　よう

④ まい日　ベランダの　花に　水を　やってから　かいしゃへ　いきます。
　まい

⑤ パンダは　竹を　たくさん　たべます。

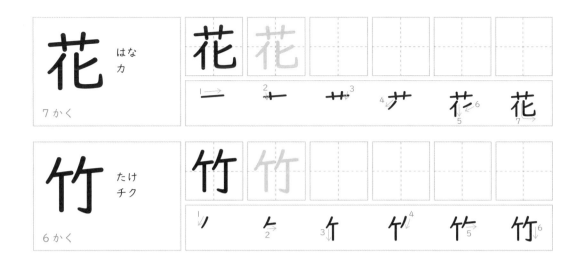

◆ かんじを　かきましょう。

① はな

② かびん　　　びん

③ はなみ　　　み

④ はなび

⑤ はなたば　　　たば

⑥ たけ

⑦ たけのこ　　　のこ

⑧ ちくりん　　　りん

雨 あめ ウ 8かく ＊	雨	雨				

虫 むし チュウ 6かく	虫	虫				

◆ かんじを　よみましょう。

① にほんは　六月に　雨が　たくさん　ふります。

② たいふうが　きて　おお雨が　ふりました。
おお

③ 日よう日の　バーベキューは　雨てんちゅうしです。
よう　てん

④ ちいさい　虫が　花の　まわりを　とんでいます。

⑤ こん虫の　ほんを　かいました。
こん

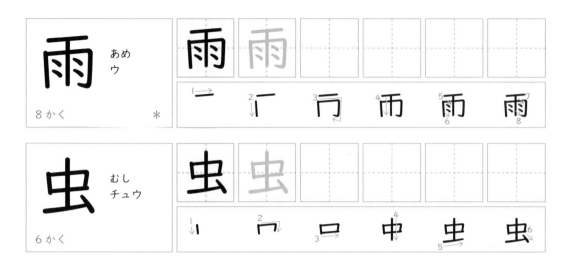

◆ かんじを　かきましょう。

① あめ

② おおあめ　おお

③ うてん　てん

④ けむし　け

⑤ むしば　ば

⑥ こんちゅう　こん

4章(しょう)　ふくしゅう

1. かんじを　よみましょう

① あぶないですから　石を　なげてはいけません。	①
② まい日(にち)　山の手せんで　がっこうへ　いきます。	② 　の　せん
③ 水田で　こめを　つくります。	③
④ このクラスの　たんにんは　川口せんせいです。	④ 　せんせい
⑤ にほんで　一(いち)ばん　ながい川は　どこに　ありますか。	⑤
⑥ にほんは　山が　おおい　くにです。	⑥
⑦ ダイヤモンドや　ルビーなどの　ほう石は　たかいです。	⑦ ほう
⑧ 花びんを　テーブルの　うえに　おきました。	⑧ 　びん
⑨ はるは　竹のこが　おいしいです。	⑨ 　のこ
⑩ にほんは　6月(がつ)に　雨が　たくさん　ふります。	⑩

2. かんじを　かきましょう

① ことしの　なつやすみは　ふじさんへ　いきたいです。	① ふじ
② やまださんは　ハンサムで　すてきな人(ひと)です。	② 　さん
③ たんぼに　カエルや　かもが　います。	③ 　んぼ
④ まいあさ　ベランダの　はなに　水(みず)を　やります。	④
⑤ 川(かわ)で　きれいな　こいしを　ひろいました。	⑤ こ
⑥ ははの日(ひ)に　カーネーションの　はなたばを　あげました。	⑥ 　たば
⑦ なつやすみに　はなびを　みに　いきます。	⑦
⑧ こどもが　こんちゅうの　ほんを　よんでいます。	⑧ こん
⑨ うちの　ちかくの　山(やま)に　ちくりんが　あります。	⑨ 　りん
⑩ たいふうで　おおあめが　ふりました。	⑩ おお

4章しょう　クイズ

1. かんじを　かきましょう。

（れい）

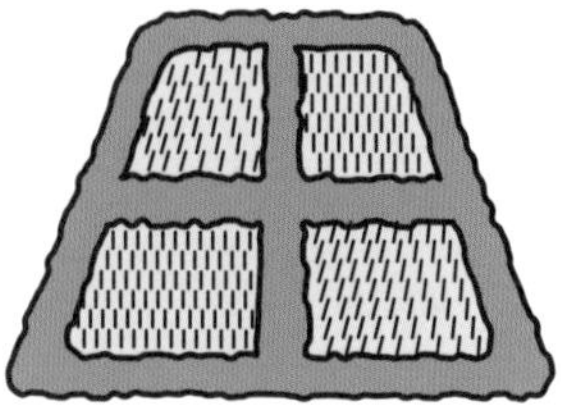

田

①

②

③

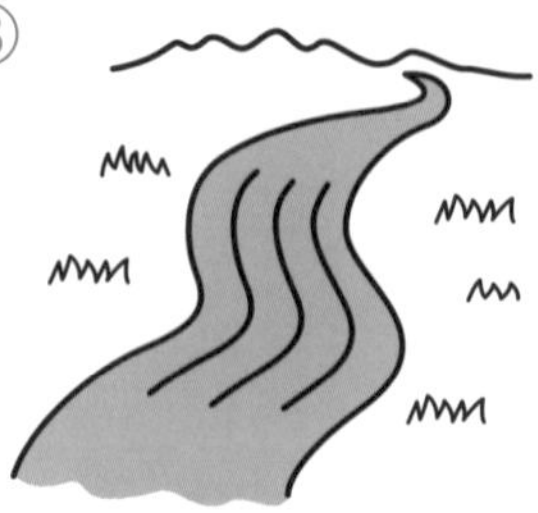

④

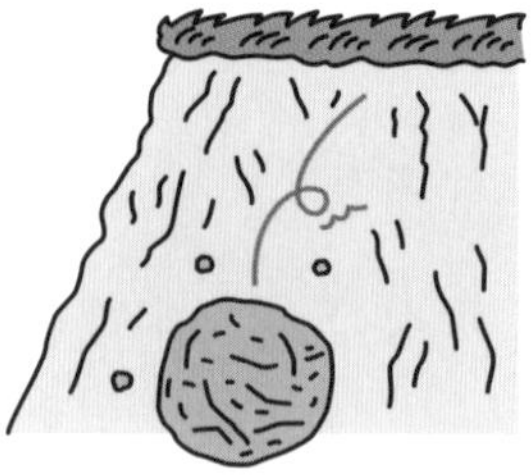

⑤

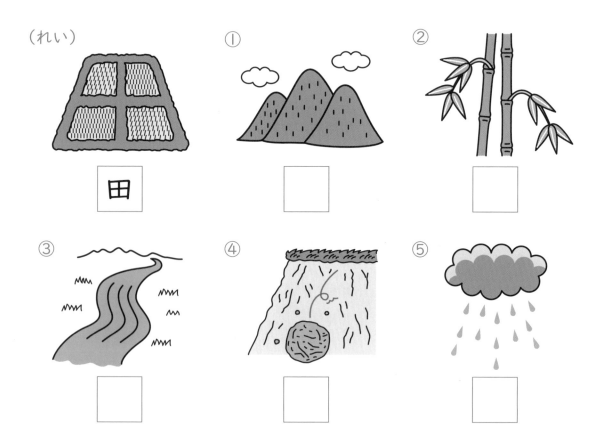

2. かんじを　つくりましょう。

	よみかた	かんじ			
れい	ひと	人			
①	やま	山	②	かわ	丿
③	て	三	④	いし	丆
⑤	た	冂	⑥	あし	口
⑦	たけ	𠂉	⑧	あめ	冂

3. にほん人(じん)の　なまえです。　かんじを　かきましょう。

① ［　　　　］さんは　アイスクリームを　たべています。

② ［　　　　］さんは　コップを　もっています。

③ ［　　　　］さんは　おどっています。

④ ［　　　　］さんは　ジュースを　のんでいます。

⑤ ［　　　　］さんは　しゃしんを　とっています。

⑥ ［　　　　］さんは　うたを　うたっています。

4. ぶんを　よんで　かんじを　よんだり　かいたり　しましょう。

日よう日　ともだちと　いっしょに　山へ　いきました。どようびは　雨でしたが、
①　よう　②　③　よう　④

日よう日は　はれでした。あさ　１０じから　山に　のぼりました。

山には　はなが　たくさん　さいていました。とても　きれいでした。
⑤

きれいな　むしも　いました。川の　ちかくで　おべんとうを　たべました。
⑥　⑦

それから　みずあそびを　しました。
⑧

たくさん　あるきましたから　あしが　つかれました。
⑨

5章(しょう) ばしょ

Place
地方
Địa điểm, vị trí

きごうから　できた　かんじを　べんきょうします。

上　　　下

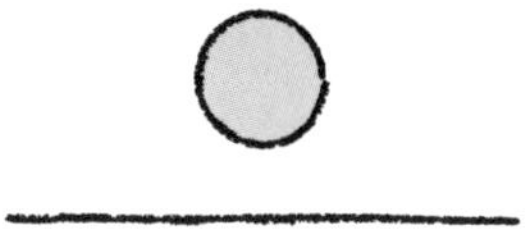

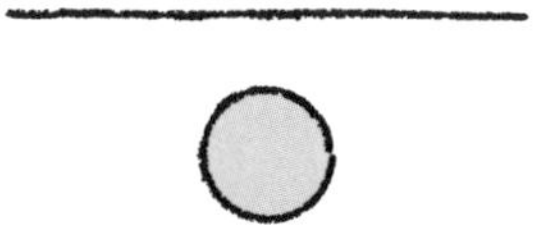

左　　　右

外　　　内　　　中

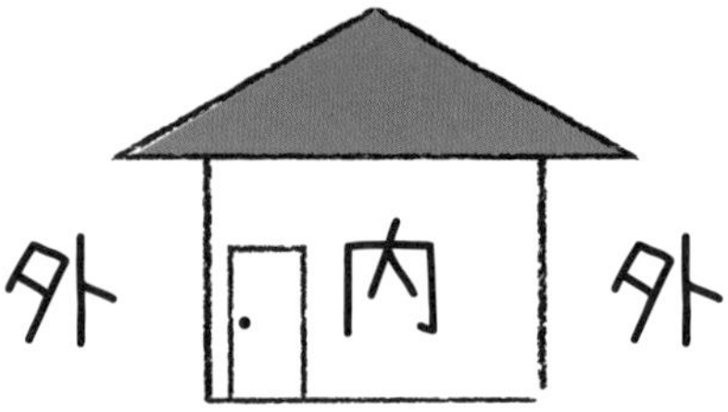

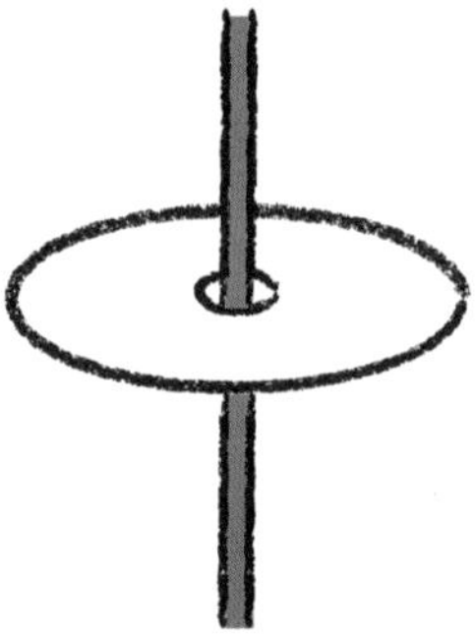

上	うえ あ－がる のぼ－る ジョウ	3かく　＊

上　上

丨　⺊　上

下	した さ－がる くだ－る ゲ	3かく　＊

下　下

一　丅　下

◆ かんじを　よみましょう。

①つくえの　上に　なにが　ありますか。いすの　下に　なにが　ありますか。

②エレベーターが　四かいに　上がりました。
かい　がりました

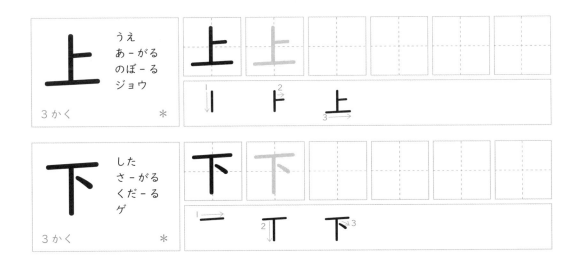

③水上スキーは　とても　おもしろい　スポーツです。

④ふゆは　きおんが　下がります。だいたい　五どから　十どくらいです。
がります　ど　ど

⑤さかを　下ってください。さかの　下に　わたしの　うちが　あります。
って

◆ かんじを　かきましょう。

①としうえ

②あがる　がる

③のぼりのでんしゃ　りのでんしゃ

④じょうげ

⑤としした

⑥したぎ　ぎ

⑦さがる　がる

⑧くだりのでんしゃ　りのでんしゃ

●とくべつなことば…上ぎ：うわぎ

左　ひだり　サ

5かく

左　左

一　ナ　左　左　左

右　みぎ　ウ

5かく　＊

右　右

ノ　ナ　十　右　右

◆ かんじを　よみましょう。

① こうさてんは　右と　左を　よく　みてから　わたってください。

② あなたは　右ききですか。左ききですか。

③ にほんは　くるまが　左がわを　はしります。人が　右がわを　あるきます。

④ まっすぐ　いって　あのかどを　右に　まがってください。

⑤ ここで　右せつしないでください。

◆ かんじを　かきましょう。

① ひだり

② ひだりあし

③ させつ　＿＿せつ

④ つくえのみぎ　つくえの＿＿

⑤ みぎて

⑥ うせつ　＿＿せつ

⑦ みぎがわ　＿＿がわ

●とくべつなことば…左右：さゆう

外 そと ガイ 5かく ＊	外 外	ノ ク タ 列 外
内 うち ナイ 4かく ＊	内 内	｜ 冂 内 内

◆ かんじを　よみましょう。

① みなさん　きょうしつの　外に　でてください。

② 山口せんせいは　いま　外しゅつしています。また　あとで　でんわしてください。
　　せんせい　しゅつ

③ にほんから　一ばん　ちかい　外こくは　どこですか。
　　ばん　こく

④ まどの　内がわも　外がわも　きれいに　ふいてください。
　　がわ　がわ

⑤ かぜを　ひきましたから　内かへ　いきました。
　　か

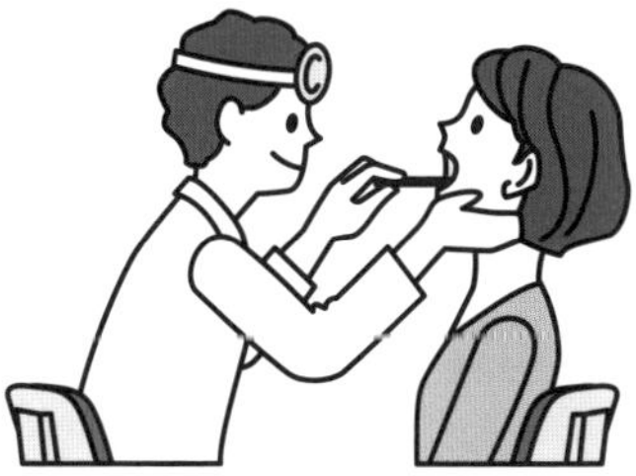

◆ かんじを　かきましょう。

① そと　　　　② そとがわ　＿がわ

③ がいしゅつ　＿しゅつ　　④ がいこく　＿こく

⑤ うちがわ　＿がわ　　⑥ こうない　こう＿

⑦ こくない　こく＿　　⑧ ないか　＿か

中 なか チュウ ジュウ	中	中				
4かく	1 丨 → 2 冂 → 3 口 → 4 中					

◆かんじを　よみましょう。

① くるまの　中に　かばんが　あります。だれの　かばんですか。

② さいふの　中に　一万円　はいっています。

③ 水中で　目を　あけることが　できますか。

④ マイクさんは　かいぎ中ですから　いま　いません。

かいぎ

⑤ きのうは　やすみでしたから　一日中　べんきょうしました。

◆かんじを　かきましょう。

① へやの　なか　へやの

② くるまの　なか　くるまの

③ すいちゅう

④ しごとちゅう　しごと

⑤ じゅぎょうちゅう　じゅぎょう

⑥ いちにちじゅう

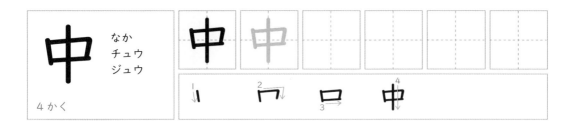

5章 ふくしゅう

1. かんじを　よみましょう

① おとうとは　三さい　年下です。　①
② かいだんで　三がいまで　上がってください。　② がって
③ つくえの　上に　なにが　ありますか。　③
④ 二ばんホームに　下りの　でんしゃが　きます。　④ り
⑤ わたしの　しゅみは　水上スキーです。　⑤
⑥ きょうは　一日中　あつかったです。　⑥
⑦ 左右を　よく　みて　おうだんほどうを　わたってください。　⑦
⑧ 山口せんせいは　いま　外しゅつしています。　⑧ しゅつ
⑨ まどの　内がわも　よく　ふいてください。　⑨ がわ
⑩ このかどを　右に　まがってください。　⑩

2. かんじを　かきましょう

① としうえの　人と　けっこんしたいです。　①
② あついですから　そとに　でたくないです。　②
③ いすの　したに　ねこが　います。　③
④ せいせきが　さがりました。かなしいです。　④ がりました
⑤ みなさん　つくえの　みぎがわに　たってください。　⑤ がわ
⑥ わたしは　ひだりききです。　⑥ きき
⑦ じょうげで　3000円のふくを　かいました。　⑦
⑧ なつやすみに　一人で　こくないを　りょこうしました。　⑧ こく
⑨ かばんの　なかに　ペットボトルの　水が　あります。　⑨
⑩ 山田せんせいは　いま　じゅぎょうちゅうです。　⑩ じゅぎょう

しょう

1. どんな　かんじが　できますか。かんじを　かきましょう。

（れい）

| Ⅰ | ‐ | 一 |

………………… 上

① | 一 | Ⅰ | 、 |

……………………

② | 、 | フ | 一 | Ⅰ |

………………

③ | ノ | フ | 、 | Ⅰ | 、 |

………

④ | ノ | 一 | 、 | フ | 一 |

………

⑤ | Ⅰ | フ | ノ | 、 |

…………

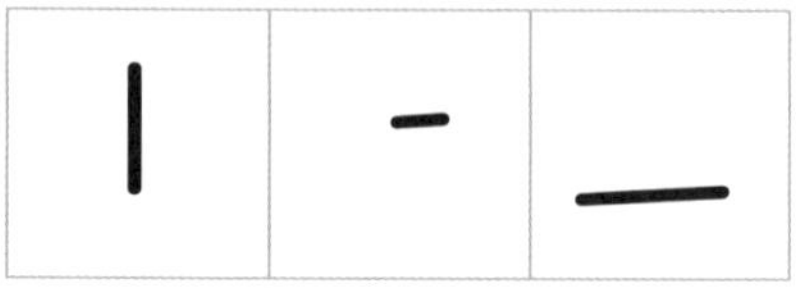

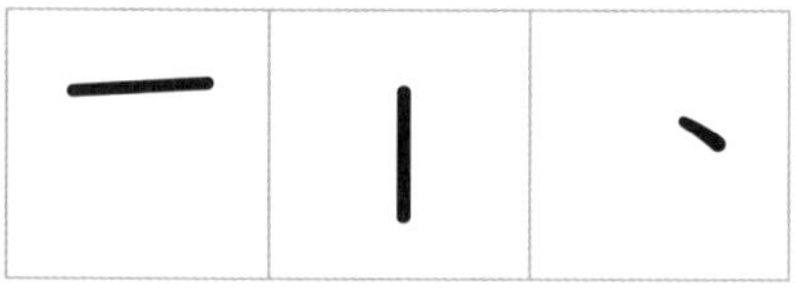

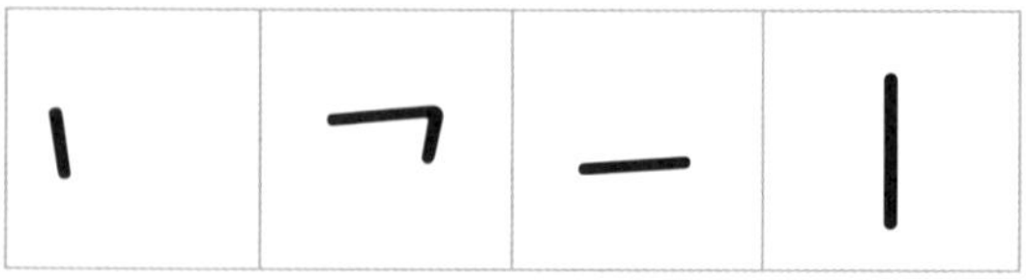

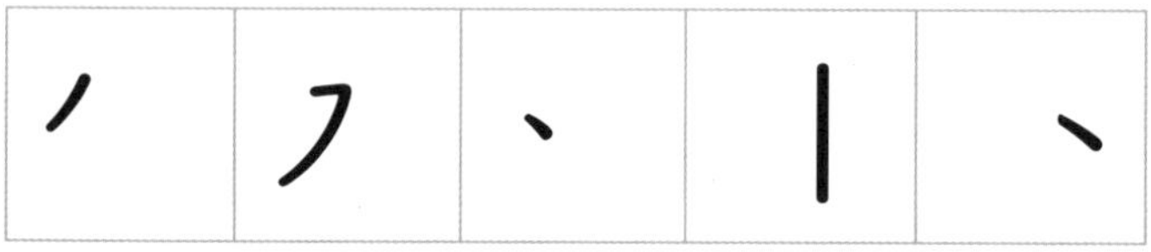

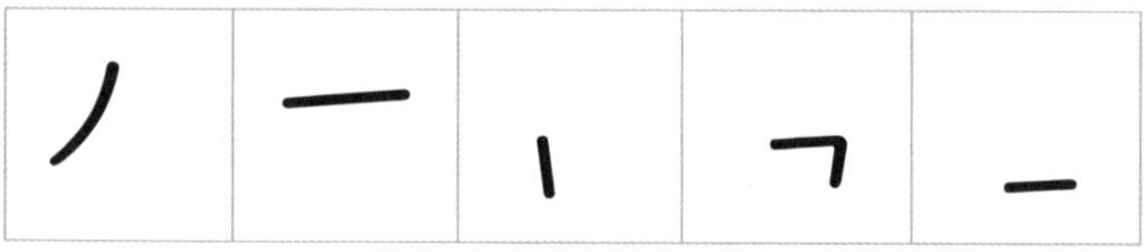

2. えを　みて　かんじを　かきましょう。

① テーブルの　□　に　□　びんが　あります。

② うちの　□　に　ねこが　□　ひき　います。

③ ベッドの　□　に　いぬが　□　ぴき　います。

④ うちの　□　に　おんなのこが　□□　います。

⑤ へやの　□　の　いすの　□　に　くつ　□　が　□　そく　あります。

3. かんじを　かきましょう。

～わたしの　がっこう～

わたしの　がっこうは　しんじゅくえきから　あるいて　5ふんです。ビルの　三(さん)がいです。

がくせいは　かいだんで　あがります。がっこうの　なかに　じどうはんばいきが　あります。

① がります　②

トイレは　2かいに　あります。みぎが　おとこのひと、ひだりが　おんなのひとの　トイレです。

③　④　⑤　⑥

こうないは　きんえんです。やすみじかんは　きょうしつの　そとの　ベランダで　やすみます。

⑦ こう　⑧

ときどき　ベランダから　したを　みます。ひとが　たくさん　あるいています。

⑨　⑩

わたしは　がっこうが　とても　すきですから　いちにちじゅう　がっこうに　います。

⑪

1章(しょう)~5章(しょう)　アチーブメントテスト

1. かんじを　よみましょう。

① 五月五日は　こどもの　日(ひ)です。にほんの　きゅう日(じつ)です。

② わたしの　かぞくは　ぜんぶで　六人です。

③ わたしの　うちは　マンションの　九かいです。
かい

④ さいふの　中(なか)に　千円さつが　三(さん)まい　あります。
さつ

⑤ らいしゅうの　月よう日に　かんじの　テストが　あります。
よう

⑥ のどが　かわきましたから　つめたい　水を　のみました。

⑦ しんじゅくえきは　しぶやえきから　三つ目です。
つ

⑧ 耳がいたいですから　耳(じ)びかへ　いきます。

⑨ ナイル川は　せかいで　一(いち)ばん　ながいです。
ナイル

⑩ みなさん、きょうしつの　外に　でてください。

2. かんじを　かきましょう。

① はちがつとおか

② かようび　よう

③ さくらの　き　さくらの

④ むしば　ば

⑤ しりょく　し

⑥ ふじさん　ふじ

⑦ たんぼ　んぼ

⑧ たけのこ　のこ

⑨ ひだりきき　きき

⑩ こくない　こく

3. ぶんを　よんで　かんじを　よんだり　かいたり　しましょう。

7／8 ①（金）

②にちようびは　アンナさんの　③たんじょう日です。ともだち④じゅうにんと パーティーをしますから、きょう　デパートへ　プレゼントを　かいに　いきました。

まず　⑤二かいで　Tシャツを　かいました。それから　⑥ほう石うりばで ダイヤの　イヤリングも　みましたが　⑦ひゃくまんえんでした。
わたしは　⑧おかねが　ありません……。

つぎに　エスカレーターで　⑨六かいに　⑩あがりました。⑪くつ下を　みました。アンナさんは　⑫あしが　ちいさいですが　いいサイズが　ありました。

ワインを　⑬三ぼん　かいました。アンナさんの　たんじょう日と おなじ　⑭2000ねんの　イタリアの　しろワインです。ワインの ラベルは　⑮王さまでした。

きょうは　あさから　⑯あめが　たくさん　ふっていましたが デパートは　⑰人が　とても　おおかったです。
⑱いちにちじゅう　かいものを　しましたから　とても　つかれました。

あした　バラの　⑲はなたばを　かいます。それから　⑳てがみも　かきます。

①	②　　　よう	③ たんじょう	④
⑤　　　かい	⑥ ほう	⑦	⑧ お
⑨　　　かい	⑩　　がりました	⑪ くつ	⑫
⑬　　　ぼん	⑭ 2000	⑮　　　さま	⑯
⑰	⑱	⑲　　　たば	⑳　　　がみ

6章 学校－1

School 1
学校 1
Trường học 1

がっこうの　かん字です。　えを　ヒントに　べんきょうしましょう。

学

校

先

生

名

字

本

休

学　まな－ぶ　ガク　（ガッ－）
８かく

学　学

校　コウ
１０かく

校　校

◆ かん字(じ)を　よみましょう。

① 学校は　どこに　ありますか。

② アークアカデミーで　にほんごを　学んでいます。
んで

③ にほんの　だい学に　しん学したいです。
だい　しん

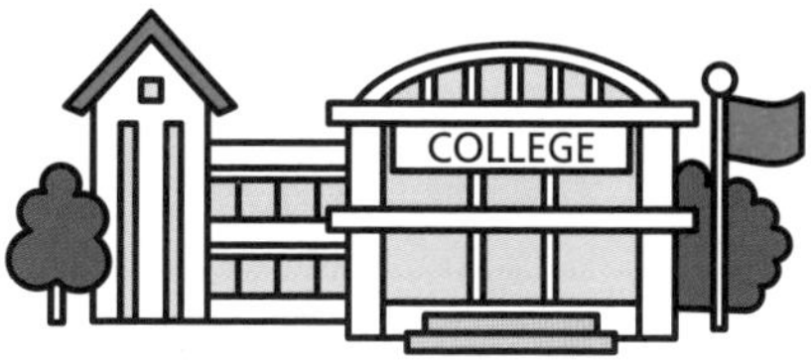

④ にゅう学しきに　スーツを　きます。
にゅう　しき

⑤ 校ちょうせんせいの　はなしを　ききました。
ちょうせんせい

◆ かん字(じ)を　かきましょう。

① まなぶ　ぶ
② がっこう
③ だいがく　だい
④ にゅうがく　にゅう
⑤ けんがく　けん
⑥ こうちょう　ちょう
⑦ きゅうこう　きゅう
⑧ てんこう　てん

先 さき セン 6かく	先	先				
	丿	𠂉	牛	生	先	先
生 いーきる うーまれる セイ ショウ (ージョウ) 5かく ＊	生	生				
	丿	𠂉	牛	生	生	

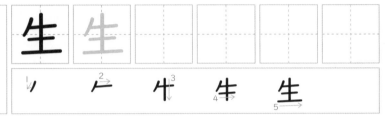

◆ かん字(じ)を　よみましょう。

① クラスに　学生は　なん人　いますか。
　______　なん______

② 先生は　先に　かえりました。
　______　______

③ 先しゅうは　いそがしかったです。
　______しゅう

④ 先日は　ありがとうございました。
　______

⑤ わたしは　12月に　生まれました。
　じゅうに______　______まれました

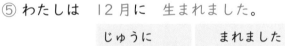

◆ かん字(じ)を　かきましょう。

① せんせい ______　② せんげつ ______

③ せんしゅう ______しゅう　④ いきる ______きる

⑤ せいかつ ______かつ　⑥ じんせい ______

⑦ いっしょう ______　⑧ たんじょうび たん______

●とくべつなことば…生ビール：なまビール

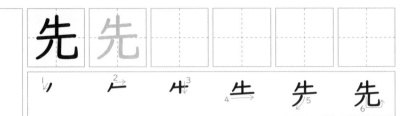

名　な　メイ　ミョウ

6かく

名　名

ノ　ク　タ　タ　名　名

字　ジ

6かく　＊

字　字

字（1〜6かく）

◆ かん字を　よみましょう。

① ここに　名まえを　かいてください。
　　まえ

② わたしの　名字は　田中です。

③ うちの　ちかくに　ゆう名な　こうえんが　あります。
　　ゆう　な

④ この字は　なんと　よみますか。

⑤ あした　かん字の　テストが　あります。
　　かん

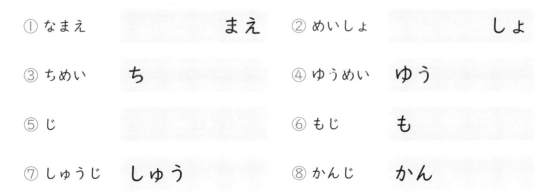

◆ かん字を　かきましょう。

① なまえ　　　まえ
② めいしょ　　　しょ
③ ちめい　ち
④ ゆうめい　ゆう
⑤ じ
⑥ もじ　も
⑦ しゅうじ　しゅう
⑧ かんじ　かん

本	もと ホン (ーボン) (ーポン)	5かく

本 本

一 十 才 木 本

休	やす-む キュウ	6かく ＊

休 休

ノ イ 仁 什 休 休

◆ かん字(じ)を　よみましょう。

① 1か月に　なんさつ　本を　よみますか。
いっか

② 1年まえに　日本へ　きました。
いち

③ えんぴつは　一本　二本　三本と　かぞえます。

④ 山本さんが　学校を　休みました。
さん　みました

⑤ 五月五日は　休日ですか。

◆ かん字(じ)を　かきましょう。

① ほん
② にほんじん
③ いっぽん
④ さんぼん
⑤ ごほん
⑥ やすむ　む
⑦ なつやすみ　なつ　み
⑧ やすみじかん　みじかん

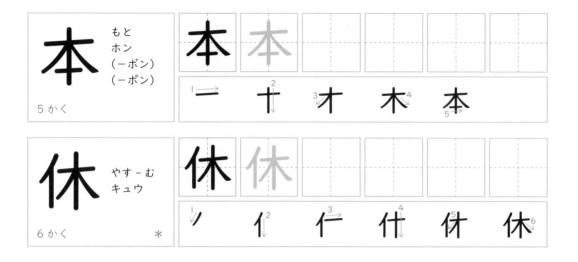

６章(しょう)　ふくしゅう

１. かん字(じ)を　よみましょう

① だい学(がく)で　ほうりつを　学んでいます。	①　　　んで
② らい月(げつ)　あねに　こどもが　生まれます。	②　　　まれます
③ ピアーズさんは　アークだい学(がく)の　学生です。	③
④ クラスに　おなじ　名字の　人(ひと)が　三人(さんにん)います。	④
⑤ この本は　むずかしいです。	⑤
⑥ 先月　雨(あめ)が　おおかったです。	⑥
⑦ ３じです。すこし　休みましょう。	⑦　　　みましょう
⑧ ここは　ゆう名な　ラーメンやです。	⑧ ゆう　　　な
⑨ 山本さんは　かぜで　やすみました。	⑨　　　さん
⑩ えんぴつを　一本　かしてください。	⑩

２. かん字(じ)を　かきましょう

① わたしの　がっこうは　しぶやに　あります。	①
② せんせいは　いつも　やさしいです。	②
③ はじめて　にほんへ　きました。	③
④ わたしの　おとうとは　ちゅうがくせいです。	④
⑤ じを　きれいに　おおきく　かいてください。	⑤
⑥ うちの　いぬは　十五(じゅうご)さいまで　いきました。	⑥　　　きました
⑦ ビールを　さんぼん　かいました。	⑦
⑧ なまえを　よびます。　手(て)を　あげてください。	⑧　　　まえ
⑨ きゅうじつに　こうえんを　さんぽします。	⑨
⑩ アルバイトが　あります。　さきに　かえります。	⑩

6章(しょう)　クイズ

1. かん字(じ)を　かきましょう。

2. かん字(じ)を　かきましょう。

せんげつ　アークアカデミーで　おはなみを　しました。
① 　　② お　み

せんせいが　じゅうにんと　がくせいが　さんじゅうにん　いました。
③ 　④ 　⑤ 　⑥

こうちょうせんせいの　いなりずしを　たべました。　とても　おいしかったです。
⑦ ちょう

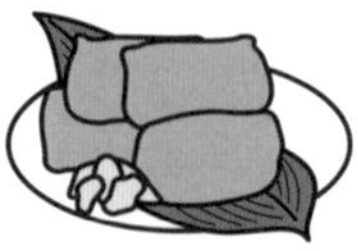

にほんへ　きて　はじめて　さくらを　みました。
⑧

たくさん　しゃしんを　とりました。　とても　たのしい　ひでした。
⑨

3. かん字(じ)の　たしざんです。　かん字(じ)を　かいて
（　　　）に　よみかたを　かきましょう。

れい　（ 木 ＋ 交 ）＋　ちょう　＝ 校ちょう
（こうちょう）

① （ 夕 ＋ 口 ）＋　まえ　＝ 　まえ
（　　まえ）

② も　＋　（ 宀 ＋ 子 ）　＝ も
（も　　　）

③ （ ノ ＋ ｜ ＋ 木 ）＋（ 口 ＋ 一 ）　＝
（　　　）

④ （ 口 ＋ 一 ）＋（ 木 ＋ 一 ）　＝
（　　　）

⑤ （ ⺍ ＋ 冖 ＋ 子 ）＋（ ノ ＋ ｜ ＋ 三 ）＝
（　　　）

⑥ （ ノ ＋ 土 ＋ 儿 ）＋（ ノ ＋ ｜ ＋ 三 ）＝
（　　　）

7章 学校－2

School 2
学校 2
Trường học 2

がっこうの　かん字です。えを　ヒントに　べんきょうしましょう。

大

小

高

友

入

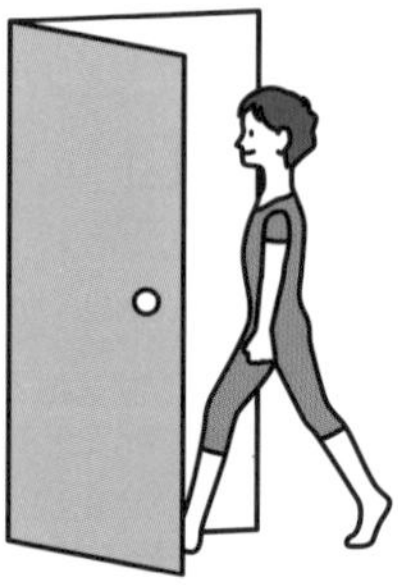

出

門

体

大　おお－きい　ダイ　タイ	大	大				
3かく　＊	一　ナ　大					
小　ちい－さい　こ　ショウ	小	小				
3かく　＊	亅　小　小					

◆かん字(じ)を　よみましょう。

① 山川さんは　目が　大きいです。
　　さん　　　　　　きい

② わたしは　ラーメンが　大すきです。
　　　　　　　　　　　すき

③ かれは　わたしの　大せつな　人です。
　　　　　　　　　せつな

④ このかばんは　小さいです。
　　　　　　　さい

⑤ わたしの　おとうとは　小学生です。

◆かん字(じ)を　かきましょう。

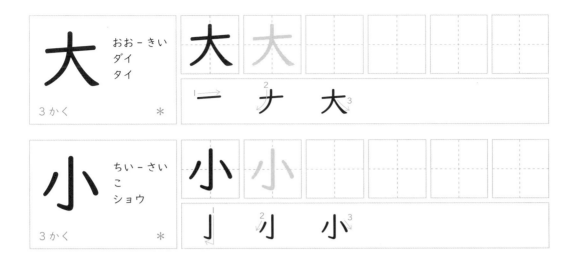

① おおきい　　　きい
② だいがく
③ だいきらい　　　きらい
④ たいせつ　　　せつ
⑤ ちいさい　　　さい
⑥ しょうがくせい
⑦ しょうがっこう
⑧ こぜに　　　ぜに

●とくべつなことば…大人：おとな

高 たか－い コウ 10かく ＊	高 高 一 亠 亠 亡 亨 高 高 高 高 高
友 とも ユウ 4かく	友 友 一 ナ 方 友

◆ かん字を　よみましょう。

① 石川さんは　せが　高いです。
（　　　さん）（　　い）

② わたしの　いもうとは　高校生です。
（　　　　）

③ このみせの　りょうりは　高いですが　おいしいです。
（　　い）

④ 友だちが　たくさん　います。
（　　だち）

⑤ 山田さんと　わたしは　しん友です。
（　　　さん）（しん　　）

◆ かん字を　かきましょう。

① たかい（　　　い）　② こうこう（　　　　）

③ こうこうせい（　　　　）　④ ともだち（　　　だち）

⑤ しんゆう（しん　　　）

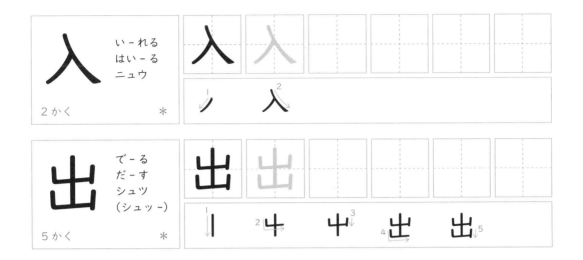

入	いーれる はいーる ニュウ	2かく ＊
出	でーる だーす シュツ （シュッー）	5かく ＊

◆ かん字(じ)を　よみましょう。

①ノックを　してから　入ってください。
　　　　　　　　　　　って

②入り口は　こちらです。　出口は　あちらです。
　　り

③日本は　４月に　入学しきが　あります。
　　　し　　　　　　しき

④この手がみを　出してください。
　　　がみ　　　して

⑤友だちと　かいものに　出かけました。
　　だち　　　　　　　かけました

◆ かん字(じ)を　かきましょう。

①いれる　　　れる　　②はいる　　　る

③いりぐち　　り　　　④にゅうがく

⑤でる　　　　る　　　⑥だす　　　　す

⑦しゅっせき　せき　　⑧がいしゅつ

門 モン 8かく ＊	門	門				
	丨	冂	冃	門	門	門
体 からだ タイ 7かく ＊	体	体				
	亻	仁	什	休	休	体

◆ かん字(じ)を　よみましょう。

① 門の　そばに　くるまを　とめました。

② 校門の　まえで　まっています。

③ わたしの　せん門は　けいざいです。
せん

④ 山本さん、　お体を　たいせつに　してください。

⑤ 体いくかんで　バレーボールを　しましょう。
いくかん

◆ かん字(じ)を　かきましょう。

① もん

② こうもん

③ せいもん　せい

④ せんもん　せん

⑤ にゅうもん

⑥ からだ

⑦ たいりょく

⑧ たいじゅう　じゅう

7章(しょう)　ふくしゅう

1. かん字(じ)を　よみましょう

① 入学しきに　スーツを　きます。　① しき
② パスポートは　大せつです。なくさないでください。　② せつ
③ 山田(やまだ)さんには　高校生の　むすこが　います。　③
④ うちの　ちかくに　小学校が　あります。　④
⑤ わたしは　小さい　いぬを　かっています。　⑤ さい
⑥ コーヒーに　さとうを　入れて　のみます。　⑥ れて
⑦ ９じまでに　ごみを　出してください。　⑦ して
⑧ 川上(かわかみ)さんは　むかしからの　しん友です。　⑧ しん
⑨ 山川(やまかわ)さんは　体が　よわいです。　⑨
⑩ ぶちょうは　いま　外出しています。　⑩

2. かん字(じ)を　かきましょう

① らい月(げつ)　だいがくの　しけんが　あります。　①
② わたしには　しょうがくせいの　いもうとが　います。　②
③ でぐちは　まっすぐ　いって　右(みぎ)にあります。　③
④ くつを　ぬいで　へやに　はいってください。　④ って
⑤ やすみの　日(ひ)に　ともだちと　えいがに　いきました。　⑤ だち
⑥ 石田(いしだ)さんの　うちは　とても　おおきいです。　⑥ きい
⑦ このビルの　いりぐちは　あちらです。　⑦ り
⑧ たいいくかんで　バスケットボールを　しました。　⑧ いくかん
⑨ このみせの　ようふくは　たかいです。　⑨ い
⑩ 学校(がっこう)の　もんの　まえで　しゃしんを　とりましょう。　⑩

7章(しょう) クイズ

1. かん字(じ)を　かきましょう。

きょうは　アークアカデミーの　にゅうがくしき　でした。
① ＿しき

うちから　でんしゃで　しんじゅくえきへ　いきました。

しんじゅくえきは　とても　おおきいです。
② ＿きい

でぐちが　わかりませんでしたから、こうこうせいに
③ ＿　④ ＿

ききました。　よく　わかりました。5ふん　あるいて　がっこうに　つきました。
⑤ ＿

きょうしつに　はいって　いすに　すわりました。
⑥ ＿って

となりの　おんなのひとと　はなしを　しました。　なまえは　エンさんです。
⑦ ＿　⑧ ＿まえ

エンさんは　こうこうを　そつぎょうして　にほんへ　きました。わたしは　エン
⑨ ＿　⑩ ＿

さんと　たくさん　はなしを　しました。エンさんと　ともだちに　なりました。
⑪ ＿だち

エンさんは　にほんごを　べんきょうして　だいがくに　はいります。
⑫ ＿語(ご)　⑬ ＿　⑭ ＿ります

わたしは　だいがくいんに　はいりたいです。まだ　せんもんちしきが
⑮ ＿いん　⑯ ＿りたい　⑰ せん＿

ありませんから　これから　たくさん　ほんを　よまなければ　なりません。
⑱ ＿

それから　にほんぶんかも　まなびたいです。
⑲ ＿ぶんか　⑳ ＿びたい

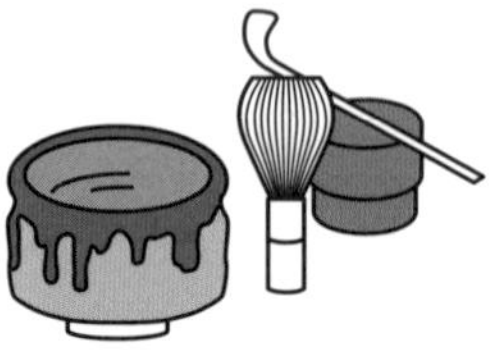

2. □の　なかに　かん字を　かきましょう。

（れい）

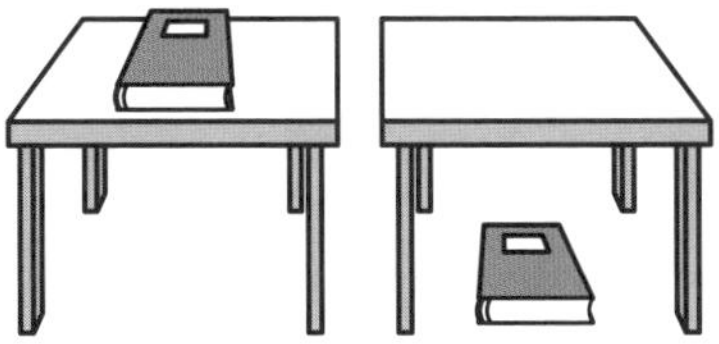

上 ⇔ 下

①

□ ⇔ 小

②

子ども ⇔ □□

③

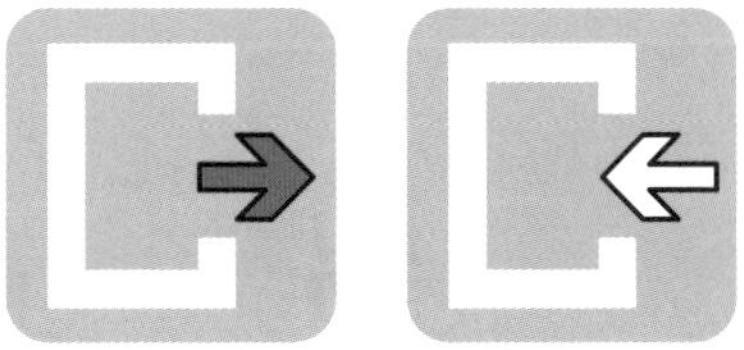

□□ ⇔ 入り口

④

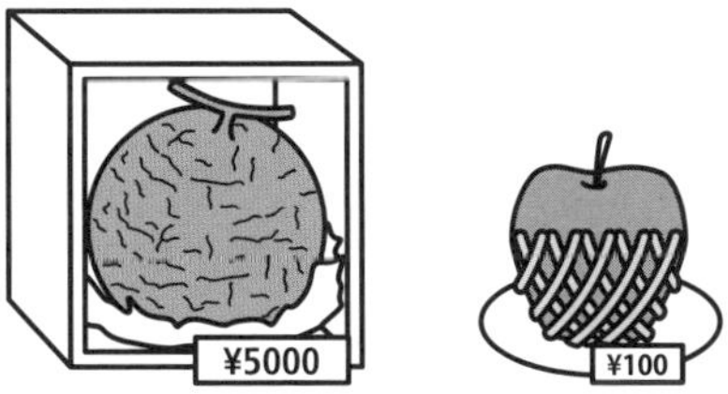

□い ⇔ やすい

⑤

出る ⇔ □る

8章(しょう) かぞく

Family
家庭成员
Gia đình

えから　できた　かん字(じ)です。
かぞくの　かん字(じ)を　べんきょうしましょう。

父

母

子

男

女

犬

父　ちち　フ　4かく

父　父

ノ　ハ　ク　父

母　はは　ボ　5かく

母　母

L　口　口　母　母

◆かん字(じ)を　よみましょう。

① A：日本で　父の日は　いつですか。　B：六月の　だい三　日よう日です。
（の）（よう）

② わたしの　そ父は　八十八さいです。
（そ）（さい）

③ 母の日に　花と　カードを　あげました。
（の）

④ あなたの　母ごは　なんですか。
（ご）

⑤ きのう　母校へ　あそびに　いきました。

◆かん字(じ)を　かきましょう。

① ちち　　② そふ　そ

③ はは　　④ そぼ　そ

⑤ ぼこう　　⑥ ぼご　ご

⑦ ふぼ

●とくべつなことば…お父さん：おとうさん　お母さん：おかあさん

子 こ シ 3かく ＊	子	子				
	1 フ	了 2	3 子			

男 おとこ ダン 7かく ＊	男	男				
	1 丨	2 冂	3 田	4 田 5	男 6	7 男

◆ かん字(じ)を　よみましょう。

① 川で　子どもが　あそんでいます。
　［　　］［　　ども］

② A：お子さんは　おいくつですか。　B：一さい　です。
　［お　　さん］　［　　さい］

③ クラスに　男子学生が　なん人　いますか。
　［　　］［なん　　］

④ 学校に　男の　先生が　四人　います。
　［　　］［　　］［　　］［　　］

⑤ あの男せいの　名字は　なんですか。
　［　　せい］［　　］

◆ かん字(じ)を　かきましょう。

① こども　［　　ども］　② おこさん　［お　　さん］

③ ふたご　［ふた　　］　④ おとこ　［　　］

⑤ おとこのこ　［　　の　　］　⑥ おとこのひと　［　　の　　］

⑦ だんし　［　　］　⑧ だんせい　［　　せい］

●とくべつなことば…ちょう男：ちょうなん

女　おんな　ジョ　3かく　＊	女	女				
	く　女　女					

◆ かん字(じ)を　よみましょう。

① わたしは　きれいな　女の人が　すきです。

② こうえんに　女の子が　一人と　男の子が　二人　います。

③ A：すみません。　女子トイレは　どこですか。

B：まっすぐ　いって　左に　あります。

④ わたしには　日本人の　かの女が　います。

◆ かん字(じ)を　かきましょう。

① おんな

② おんなのこ　＿＿の＿＿

③ おんなのひと　＿＿の＿＿

④ じょし

⑤ じょせい　＿＿せい

⑥ だんじょ

⑦ かのじょ　かの＿＿

⑧ じょゆう　＿＿ゆう

犬 いぬ ケン 4かく	犬	犬				
	一 ナ 大 犬					

◆ かん字(じ)を　よみましょう。

① まいあさ　犬の　さんぽを　します。

② 友だちから　かわいい　子犬を　もらいました。
だち

③ 田中さんは　大がた犬を　かっています。
がた

◆ かん字(じ)を　かきましょう。

① いぬ

② こいぬ

③ こがたけん　がた

④ もうどうけん　もうどう

8章(しょう)　ふくしゅう

1. かん字(じ)を　よみましょう

① こうえんに　女の子が　二人(ふたり)　います。	①　　の
② もうどう犬は　みせに　入(はい)ることが　できます。	② もうどう
③ やすみの日(ひ)に　子どもと　あそびます。	③　　ども
④ うけつけに　男せいが　います。	④　　せい
⑤ きのう　かの女と　デートしました。	⑤ かの
⑥ わたしは　三人(さんにん)きょうだいの　ちょう男です。	⑥ ちょう
⑦ わたしは　ふた子の　いもうとが　います。	⑦ ふた
⑧ お母さんの　しごとは　なんですか。	⑧ お　　さん
⑨ このクラスは　男女　あわせて　二十人(にじゅうにん)です。	⑨
⑩ 山田(やまだ)さんの　お父さんは　りょうりが　じょうずです。	⑩ お　　さん

2. かん字(じ)を　かきましょう

① ははのひに　花(はな)たばを　あげました。	①　　の
② たんじょうびに　こいぬを　もらいました。	②
③ わたしの　そふは　まいあさ　さんぽを　します。	③ そ
④ 入(い)り口(ぐち)に　おんなのひとが　たっています。	④　　の
⑤ こうえんで　おとこのこが　あそんでいます。	⑤　　の
⑥ じょしトイレは　こうえんの　中(なか)に　あります。	⑥
⑦ わたしの　ちちは　とても　やさしい　人(ひと)です。	⑦
⑧ そぼが　アイスクリームを　くれました。	⑧ そ
⑨ あなたの　ぼこうは　どちらですか。	⑨
⑩ クラスに　だんしがくせいが　十人(じゅうにん)います。	⑩

8章 クイズ

1. えを　みて □ に　かん字を　かきましょう。

れい　お 父 さん

① お □ さん　② □ ども　③ □ の人

④ □ の人　⑤ 男の □　⑥ 女の □

⑦ □□ 学生　⑧ □□ 学生　⑨ □

2. えを　みて　かん字(じ)を　かきましょう。

① □　② □　③ □　④ □　⑤ □

3. ぶんを　よんで　かん字(じ)を　かいたり　よんだり　しましょう。

わたしの　かぞく

わたしの　かぞくは　①四人と　一ぴきです。②そふと　③ちちと　④母と　⑤いぬの
そ

ポチです。②そふは　⑥七十六さいですが　とても　げんきです。
そ　さい

③ちちは　⑦四十八さいです。⑧しょうがっこうの　⑨先生です。
さい

④母は　⑩こうこうの　⑨先生です。③ちちも　④母も　とても　やさしいです。

ポチは　⑪２年まえ　うちへ　きました。わたしは　⑫まいにち　ポチと
に　まえ　まい

こうえんの　⑬なかを　さんぽします。ポチは　とても　かわいいです。

9章 どうし－1

Verb 1
动词1
Động từ 1

どうしの　かん字です。 えを　ヒントに　べんきょうしましょう。

立

見

聞

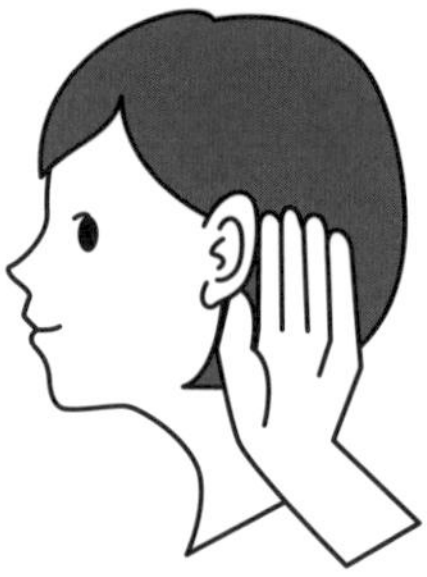

行

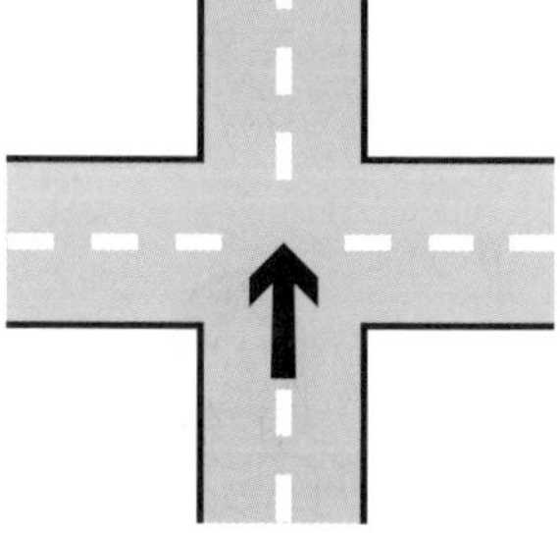

来

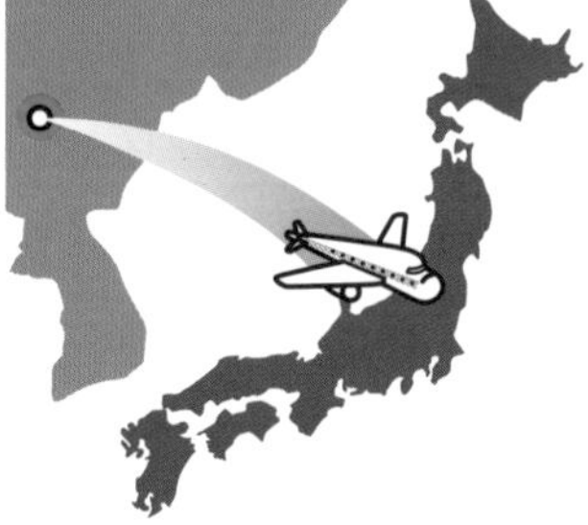

帰

立	たーつ リツ
5かく	＊

立 立

1 2 3 4 5

◆ かん字(じ)を　よみましょう。

① まどの　そばに　女の人が　立っています。
　　　　　　　　　　の　　　って

② カクさんは　こく立大学の　学生です。
　　　　　　こく

③ 体いくの　じゅぎょうで　さか立ちを　しました。
　　　いく　　　　　　さか　ち

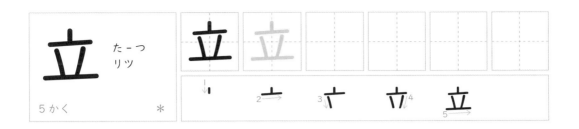

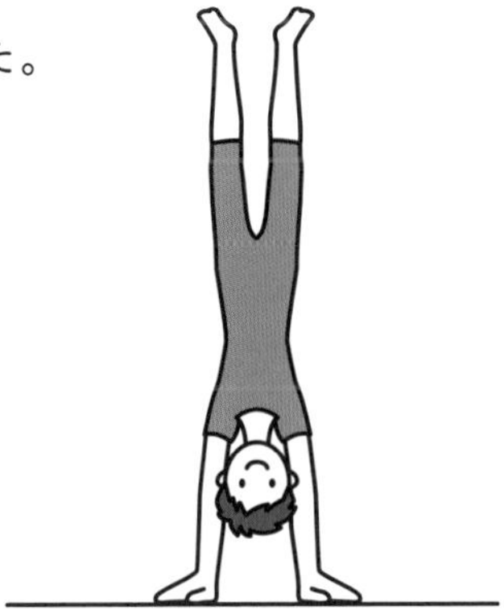

◆ かん字(じ)を　かきましょう。

① たつ　　　　　　つ　　② しりつだいがく　し

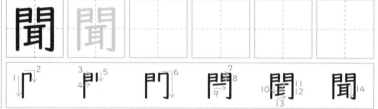

見 みｰる みｰせる ケン 7かく ＊	見 見
	丨 冂 冃 目 目 貝 見
聞 きｰく ブン 14かく ＊	聞 聞
	𠂇 門 門 門 閂 聞 聞

◆ かん字を　よみましょう。

① 日本の　アニメを　よく　見ますか。
　（　　）　　　　（　　ますか）

② パスポートを　見せてください。
　（　　せて）

③ なにか　い見が　ありますか。
　（い　　）

④ きのう　しん聞しゃを　見学しました。
　（しん　しゃ）（　　）

⑤ ＣＤを　聞いて　日本語を　べんきょうします。
　（　いて）（　　ご）

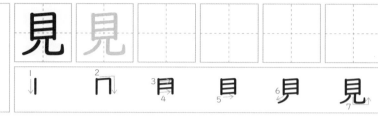

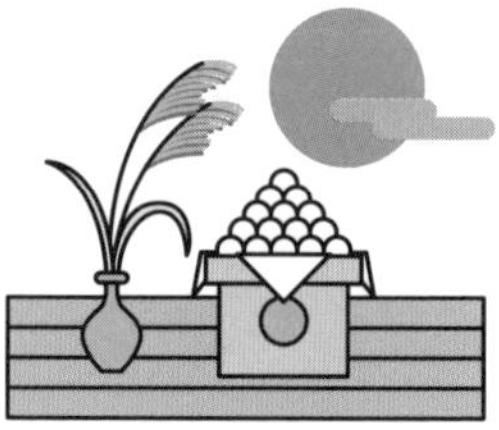

◆ かん字を　かきましょう。

① みる　（　　る）　② はなみ　（　　）

③ つきみ　（　　）　④ けんがく　（　　）

⑤ いけん　（い　　）　⑥ きく　（　　く）

⑦ しんぶん　（しん　　）

行	いーく おこなーう コウ ギョウ	6かく　＊
来	くーる ライ （きーます） （こーない）	7かく　＊

◆ かん字を　よみましょう。

① こんどの　休みに　大さかへ　行きます。
　　　み　　　さか　　　きます

② あのラーメンやの　行れつは　いつも　ながいです。
　　　　　　　　れつ

③ あした　テストを　行います。
　　　　　　　　います

④ A：日よう日　うちへ　来ない？　　B：うん　行く。
　　　よう　　　　ない　　　　　　　　く

⑤ わたしは　きょねんの　３月に　来日しました。
　　　　　　　　さん

◆ かん字を　かきましょう。

① いく　＿＿く
② ぎんこう　ぎん＿＿
③ りょこう　りょ＿＿
④ くる　＿＿る
⑤ きます　＿＿ます
⑥ こない　＿＿ない
⑦ らいねん　＿＿＿＿
⑧ らいしゅう　＿＿しゅう

帰 かえ-る
キ

10かく ＊

帰 帰

◆ かん字(じ)を　よみましょう。

① なんじの　でんしゃで　帰りますか。
りますか

② 学校の　帰りに　えいがを　見ました。
り　ました

③ わたしは　来年　帰こくします。
こく

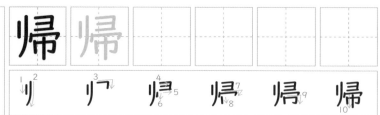

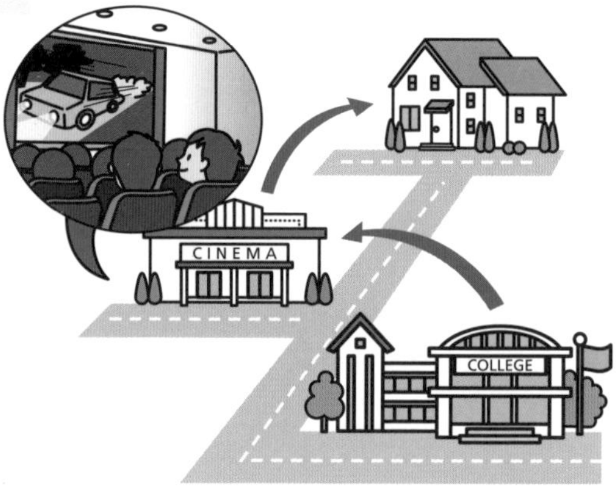

◆ かん字(じ)を　かきましょう。

① かえる　　る
② かえり　　り
③ きこく　　こく
④ きたく　　たく

9章(しょう)　ふくしゅう

1. かん字(じ)を　よみましょう

① まいばん　うちで　テレビを　見ます。　①　ます
② 来しゅう　かの女(じょ)に　あいます。　②　しゅう
③ ぎん行で　お金(かね)を　おろします。　③ ぎん
④ わたしは　こく立大学に　かよっています。　④ こく
⑤ まいあさ　しん聞を　よみます。　⑤ しん
⑥ いつ　帰こく　しますか。　⑥　こく
⑦ わたしは　3月(がつ)に　来日しました。　⑦
⑧ 入(い)り口(ぐち)で　チケットを　見せてください。　⑧　せて
⑨「きょう　パーティーに　来ない？」「うん　いく。」　⑨　ない
⑩ 学校(がっこう)の　帰りに　友(とも)だちと　あそびました。　⑩　り

2. かん字(じ)を　かきましょう

① くるまの　こうじょうを　けんがくします。　①
② ラジオで　日本(にほん)の　おんがくを　ききました。　②　きました
③ わたしは　まい日(にち)　でんしゃで　学校(がっこう)へ　きます。　③　ます
④ ながい　ぎょうれつに　ならびます。　④　れつ
⑤ りょうしんと　ほっかいどうへ　いきました。　⑤　きました
⑥ こうさてんに　けいさつかんが　たっています。　⑥　って
⑦ わたしは　りょこうが　すきです。　⑦ りょ
⑧ きのう　6じに　うちへ　かえりました。　⑧　りました
⑨ あす　ごご2じから　かいぎを　おこないます。　⑨　います
⑩ せんしゅう　はじめて　はなみを　しました。　⑩

9章(しょう) クイズ

**1. 下(した)から　えらんで　□に　かん字(じ)を　かきましょう。
（　　　）に　よみかたも　かきましょう。**

れい　[立]ってください。
（ た ）

① ＣＤを □ きます。
（　　　）

② アニメを □ ます。
（　　　）

③ 日本(にほん)へ □ ました。
（　　　）

④ えいがかんへ □ きませんか。
（　　　）

⑤ うちへ □ ります。
（　　　）

~~立~~	行	見	来	聞	帰

2. ＿＿の　かん字の　よみかたを　（　　）に　かきましょう。
①～⑤は　だれですか。【　　】に　名まえを　かきましょう。

れい　あさ　<u>しん聞</u>を　よみます。【マリンさん】
　　　　（しんぶん）

① <u>まい</u>日　6じに　うちへ　<u>帰ります</u>。【　　　　　】
　（まい　　　　　）　　　（　　　　　ります）

② あさ　アルバイトに　<u>行きます</u>。【　　　　　】
　　　　　　　　　　　（　　　　きます）

③ テレビを　<u>見ます</u>。　それから　シャワーを　あびます。【　　　　　】
　　　　　　（　　　ます）

④ うちで　おんがくを　<u>聞きます</u>。【　　　　　】
　　　　　　　　　　（　　　きます）

⑤ ごご　1じに　<u>学校</u>へ　<u>行きます</u>。【　　　　　】
　　　　　　（　　　　　）（　　　きます）

ヨウさん
7:00	パンを　たべます
10:00	がっこうへ　いきます
14:00	うちへ　かえります
18:00	おんがくを　ききます
22:00	シャワーを　あびます

マリンさん
7:00	しんぶんを　よみます
9:00	アルバイトへ　いきます
13:00	がっこうへ　いきます
17:00	うちへ　かえります
21:00	シャワーを　あびます

ジェイクさん
9:00	がっこうへ　いきます
13:00	アルバイトへ　いきます
18:00	うちへ　かえります
20:00	テレビを　みます
22:00	シャワーを　あびます

3. かん字の　けいさんです。

① リ ＋ ヨ ＋ 帀 ＝ □

② ⻖ ＋ 耳 ＋ 冂 ＝ □

③ 亠 ＋ 十 ＋ ⺌ ＋ 一 ＝ □

$\frac{1}{5} \times \frac{4}{3}$　56+26
$\frac{2}{9} \div \frac{2}{9}$　69-72

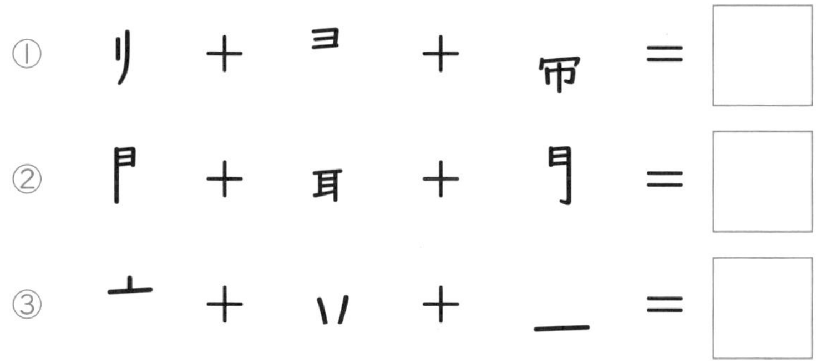

10章 たべもの

Food
食物
Đồ ăn

たべものの　かん字です。 えを　ヒントに　べんきょうしましょう。

米

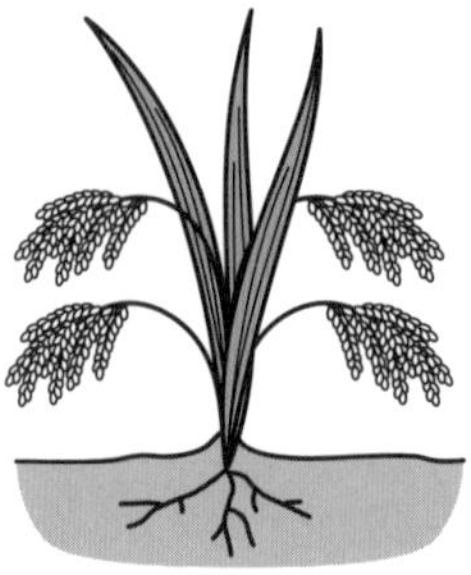

茶

牛

肉

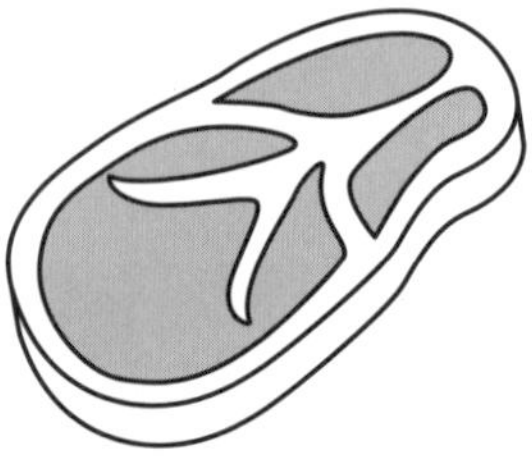

魚

貝

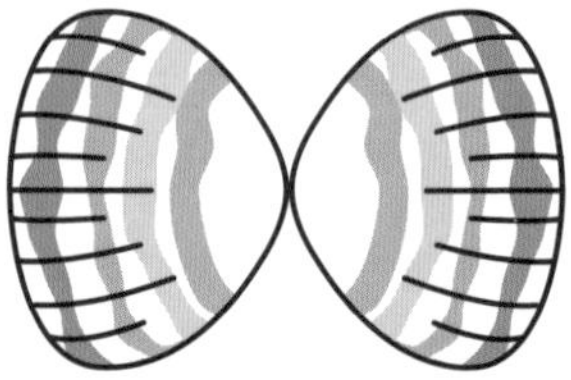

好

物

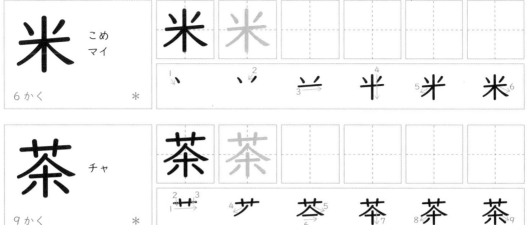

米　こめ　マイ　6かく　＊	米	米				
	丶	丷	丷	半	米	米
茶　チャ　9かく　＊	茶	茶				
	艹	艹	茶	茶	茶	茶

◆ かん字（じ）を　よみましょう。

① 日本の　米は　おいしいです。

② はく米と　げん米を　たべます。
　はく　　げん

③ さむい　日に　あたたかい　お茶を　のみます。
　お

④ わたしは　あさ　こう茶を　のみます。よる　日本茶を　のみます。
　こう

⑤ 茶いろい　かばんを　二つ　もっています。
　いろい　つ

◆ かん字（じ）を　かきましょう。

① こめ

② げんまい　げん

③ はくまい　はく

④ おちゃ　お

⑤ にほんちゃ

⑥ こうちゃ　こう

⑦ ちゃいろ　いろ

牛 うし ギュウ 4かく	牛	牛				
	ノ	𠂉	𠂉	牛		
肉 ニク 6かく	肉	肉				
	丨	冂	内	内	肉	肉

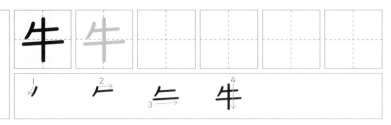

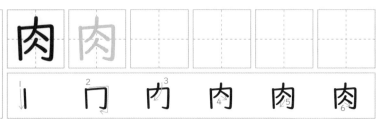

◆ かん字(じ)を　よみましょう。

① ぼくじょうに　牛が　たくさん　います。

② コーヒーに　牛にゅうを　入れます。
（　　にゅう）（　　れます）

③ 牛肉と　ぶた肉と　どちらが　すきですか。
（　　）（ぶた　　）

④ 友だちと　やき肉やへ　行きました。
（　　だち）（やき　　や）（　　きました）

⑤ とり肉は　体に　いいです。
（とり　　）（　　）

◆ かん字(じ)を　かきましょう。

① うし（　　）

② ぎゅうにゅう（　　にゅう）

③ わぎゅう（わ　　）

④ ぎゅうにく（　　）

⑤ にく（　　）

⑥ やきにく（やき　　）

⑦ とりにく（とり　　）

魚　うお　さかな　(－ざかな)　ギョ　11かく	魚　魚
貝　かい　(－がい)　7かく	貝　貝

◆ かん字(じ)を　よみましょう。

① 魚いちばは　あさ　はやく　はじまります。
　　いちば

② 魚やで　しんせんな　魚を　かいます。
　　や

③ 人魚の　はなしを　聞いたことが　ありますか。
　　いた

④ うみで　貝を　とりました。

⑤ いざかやで　あか貝の　さしみと　やき魚を　たべました。
　　あか　やき

◆ かん字(じ)を　かきましょう。

① さかな

② やきざかな　やき

③ うおいちば　いちば

④ にんぎょ

⑤ きんぎょ

⑥ かい

⑦ あかがい　あか

⑧ かいがら　がら

好 （す－き） コウ 6かく ＊	好	好				
	1	2	3	4	5	6

物 もの ブツ モツ （ブッ－） 8かく	物	物				
	1	2	3 4	5	6 7	8

◆ かん字(じ)を　よみましょう。

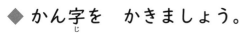

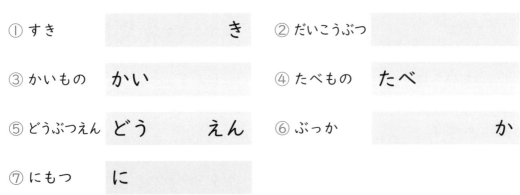

① わたしは　サッカーが　好きです。
　　（　　き）

② わたしの　大好物は　牛肉の　ステーキです。
　　（　　　）（　　　）

③ きのう　スーパーで　かい物を　しました。
　　（かい　　）

④ いっしょに　どう物えんへ　行きませんか。
　　（どう　　えん）（　きませんか）

⑤ 日本は　物かが　高いですね。
　　（　　）（　か）（　い）

◆ かん字(じ)を　かきましょう。

① すき（　　き）　② だいこうぶつ（　　　）

③ かいもの（かい　　）　④ たべもの（たべ　　）

⑤ どうぶつえん（どう　　えん）　⑥ ぶっか（　　か）

⑦ にもつ（に　　）

10章(しょう)　ふくしゅう

1. かん字(じ)を　よみましょう

① わたしの　くつは　茶いろです。	①　　いろ
② らいしゅう　どう物えんへ　行(い)きます。	② どう　　えん
③ に物を　もちましょうか。	③ に
④ はじめて　魚いちばへ　行(い)きました。	④　　いちば
⑤ あか貝の　さしみを　たべました。	⑤ あか
⑥ とうきょうは　物かが　高(たか)いです。	⑥　　か
⑦ げん米は　体(からだ)に　いいです。	⑦ げん
⑧ あさ　はやく　おきて　牛に　えさを　やります。	⑧
⑨ しょくじを　してから　こう茶を　のみます。	⑨ こう
⑩ わたしの　大好物は　いちごです。	⑩

2. かん字(じ)を　かきましょう

① わたしは　えいがが　すきです。	①　　き
② まい日(にち)　にほんちゃを　のみます。	②
③ 友(とも)だちと　やきにくを　たべました。	③ やき
④ スーパーで　さかなを　二(に)ひき　かいました。	④
⑤ まいあさ　ぎゅうにゅうを　のみます。	⑤　　にゅう
⑥ こめを　５キロ　かいました。	⑥
⑦ きらいな　たべものは　ありますか。	⑦ たべ
⑧ きれいな　かいを　見(み)つけました。	⑧
⑨ 友(とも)だちと　デパートで　かいものします。	⑨ かい
⑩ うちで　きんぎょを　かっています。	⑩

10章 クイズ

1. かん字の　どこかが　ちがいます。□に　ただしい　かん字を　かきましょう。

れい

午 ⇒ 牛

①
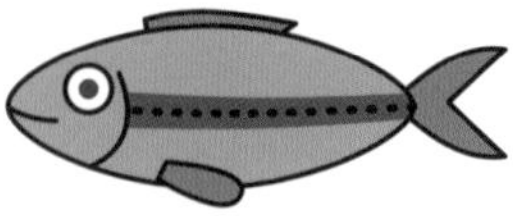
魚 ⇒ □

②
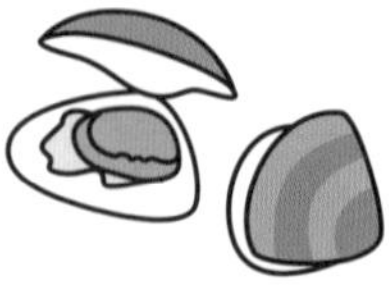
見 ⇒ □

③

采 ⇒ □

④

筡 ⇒ □

⑤
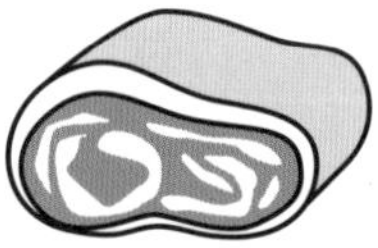
内 ⇒ □

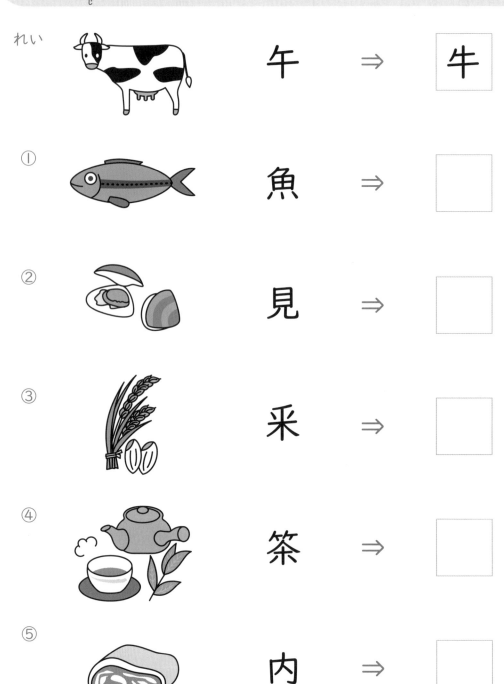

2. だれの　子どもですか。＿＿＿＿に　名まえを　かきましょう。

	れい	①	②	③	④
子ども					
好きな物	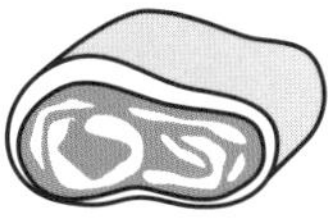		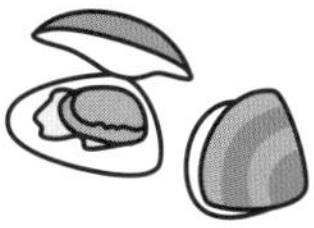		
名まえ	れい 石田さん				

れい）石田さん：わたしの　子どもは　女の子です。肉が　好きです。

田中さん：わたしの　子どもは　男の子です。肉が　好きです。

山田さん：わたしの　子どもは　女の子です。魚が　好きです。

山川さん：わたしの　子どもは　女の子です。お茶が　好きです。

石川さん：わたしの　子どもは　男の子です。貝が　好きです。

3. ①〜⑦を　よみましょう。そして　こたえましょう。

1. A：①好きな　②たべ物は　なんですか。

   B：＿＿＿＿＿＿＿＿＿＿＿＿

2. A：③肉と　④魚と　どちらが　⑤好きですか。

   B：＿＿＿＿＿＿＿＿＿＿＿＿

3. A：⑥好きな　⑦どう物は　なんですか。

   B：＿＿＿＿＿＿＿＿＿＿＿＿

①　　　きな	② たべ	③	④
⑤　　　き	⑥　　　きな	⑦ どう	

6章(しょう)～10章(しょう)　アチーブメントテスト

1. かん字(じ)を　よみましょう

① まいあさ　しん聞を　よんでいます。
しん

② 先月　ふじ山(さん)に　のぼりました。

③ ペンを　三本　かしてください。

④ かれは　目(め)が　大(おお)きくて　せが　高いです。
い

⑤ わたしの　そ父は　八十六(はちじゅうろく)さいです。
そ

⑥ A：つかれましたね。すこし　休みませんか。
みませんか

B：ええ、いいですね。お茶でも　のみましょう。
お

⑦ あした　テストを　行います。
います

⑧ わたしは　りんごが　大好物　です。

⑨ かいがんで　きれいな　貝を　たくさん　ひろいました。

2. かん字(じ)を　かきましょう

① こくりつだいがく	こく	② たいりょく	
③ みょうじ		④ でぐち	
⑤ もん		⑥ こいぬ	
⑦ きゅうじつ		⑧ はなみ	
⑨ ぎゅうにく		⑩ はくまい	はく

3. ぶんを　よんで　かん字(じ)を　よんだり　かいたり　しましょう。

わたしは　はじめて　①日本へ　②来ました。そして　日本語(ご)③がっこうに　④はいりました。わたしの　クラスは　ぜんぶで　十四人(じゅうよにん)です。⑤男子学生が　九人(きゅうにん)で　⑥じょし学生が　五人(ごにん)です。たんにんの　⑦先生は　田中(たなか)先生です。⑧男の　先生です。

がっこうが　おわってから　スーパーへ　⑨かい物に　⑩いきました。⑪米と　⑫さかなを　かいました。うちへ　⑬かえってから　りょうりを　して　ルームメイトと　しょくじを　しました。よる　しゅくだいを　しました。⑭かんじが　とても　むずかしかったです。それから　テレビを　⑮見ました。ねる　まえに　⑯ちちと　⑰ははに　でんわを　しました。

日本の　⑱せいかつは　すこし　さびしいです。でも　これから　たくさん　⑲ともだちを　つくりたいです。わたしは　日本が　⑳だいすきですから　がんばります。

①	② ました	③	④ りました
⑤	⑥	⑦	⑧
⑨ かい	⑩ きました	⑪	⑫
⑬ って	⑭ かん	⑮ ました	⑯
⑰	⑱ かつ	⑲ だち	⑳ き

11章(しょう) 時間(じかん)

Time
时间
Thời gian

じかんの　かん字(じ)です。えを　ヒントに　べんきょうしましょう。

間

時

今

半

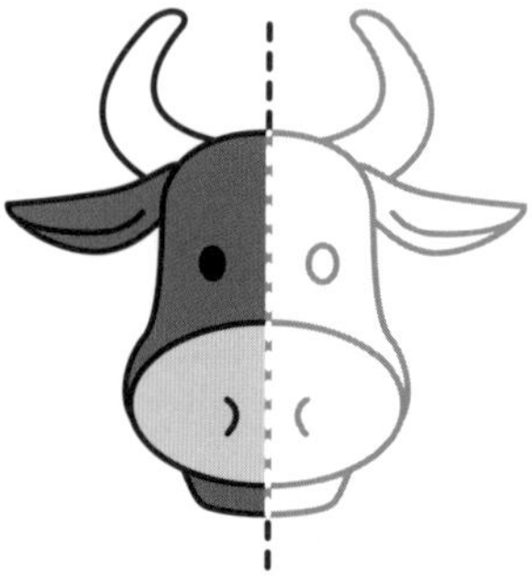

分

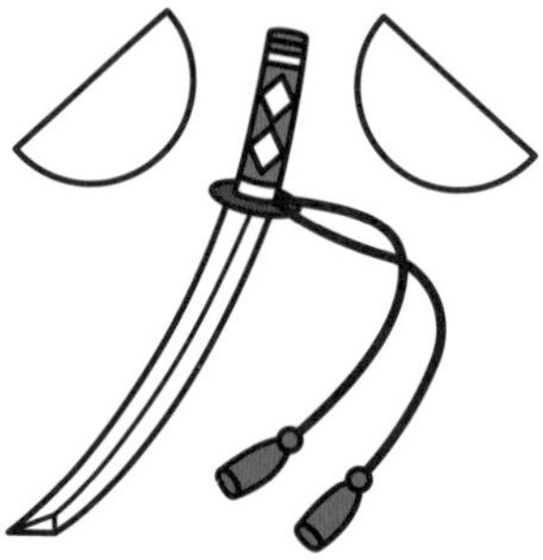

何

夕

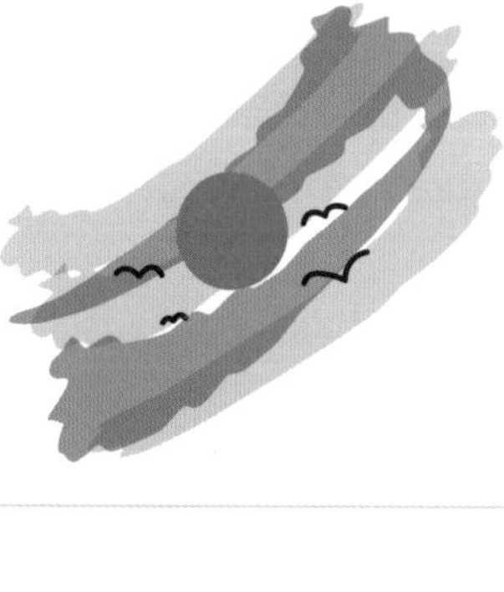

方

時　とき　ジ
10かく

時　時

間　あいだ　ま　カン
12かく　＊

間　間

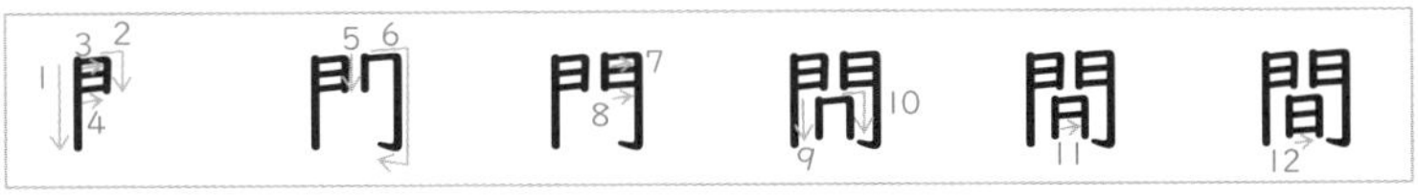

◆かん字を　よみましょう。

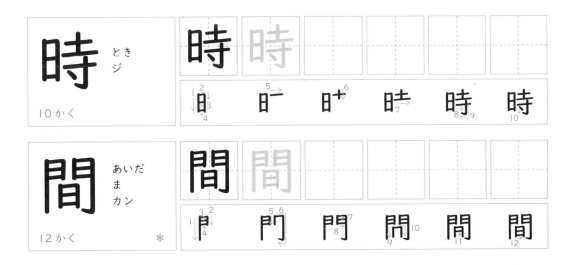

① まい日　9時から　12時まで　べんきょうします。
まい　く　じゅうに

②「時は　金なり」という　ゆう名な　ことわざが　あります。
ゆう　な

③ しごとが　いそがしいですから　ねる時間が　ありません。

④ ぎん行は　スーパーと　コンビニの　間に　あります。
ぎん

⑤ ひる間は　だれも　うちに　いません。
ひる

◆かん字を　かきましょう。

① 3じ　3
② 12じ　12
③ じかん
④ あいだ
⑤ ひるま　ひる
⑥ なかま　なか
⑦ 1しゅうかん　1しゅう
⑧ きかん　き

●とくべつなことば…人間：にんげん

漢字	読み	画数	書き順
半	ハン	5かく ＊	半 半 / 丶 丷 䒑 兰 半
分	わ－ける フン ブン (－プン)	4かく ＊	分 分 / ノ 八 分 分

◆ かん字(じ)を　よみましょう。

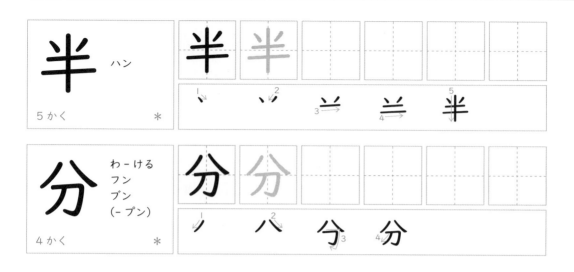

① かいしゃは　5時半に　おわります。
ご

② 半年まえに　日本へ　来ました。
まえ　ました

③ もえるゴミと　もえないゴミを　分けます。
けます

④ チョコレートを　半分　おとうとに　あげました。

⑤ ケーキを　四分の一　たべました。
の

◆ かん字(じ)を　かきましょう。

① はんとし

② 4じはん　4

③ はんぶん

④ わける　ける

⑤ 5ふん　5

⑥ 30ぷん　30

⑦ 6ぷん　6

⑧ にぶんのいち　の

今　いま　コン

4かく　＊

今　今

ノ　へ　今　今

何　なに　なん

7かく　＊

何　何

ノ　亻　仁　何　何　何

◆ かん字(じ)を　よみましょう。

① すみません。田中さんは　今　どこに　いますか。

さん

② 今月は　雨の　日が　おおいですね。

③ これは　何ですか。

④ すみません。今　何時ですか。

⑤ あついですね。何か　のみませんか。

か

◆ かん字(じ)を　かきましょう。

① いま

② こんばん　ばん

③ こんげつ

④ こんしゅう　しゅう

⑤ なに

⑥ なんじ

⑦ なんようび　よう

⑧ なんがつ

●とくべつなことば…今日：きょう　今年：ことし

夕	ゆう	3かく ＊

夕 夕

ノ ク 夕

方	かた (－がた) ホウ	4かく

方 方

丶 亠 方 方

◆ かん字(じ)を　よみましょう。

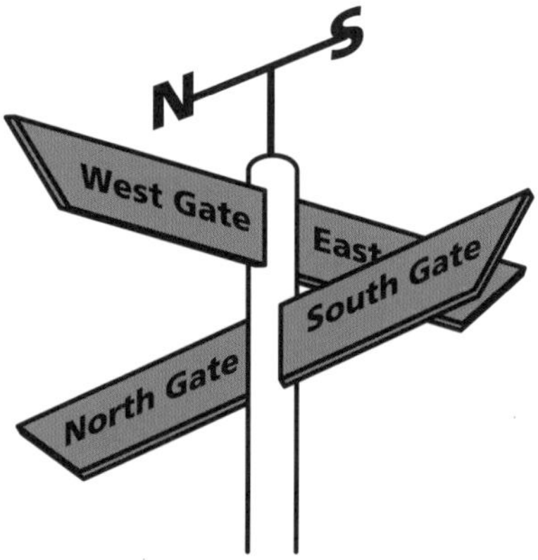

① 夕日が　とても きれいですね。

② 夕方から　ずっと　雨が　ふっています。

③ いつも　うちで　夕しょくを　たべます。
　　しょく

④ このかん字の　よみ方が　わかりますか。
　　かん　　よみ

⑤ A：アプリで　日本語(ご)を　べんきょうしています。　B：それは　いい方ほう　ですね。
　　ご　　ほう

◆ かん字(じ)を　かきましょう。

① ゆうしょく　しょく

② ゆうがた

③ とうほくちほう　とうほくち

④ ゆうひ

⑤ よみかた　よみ

⑥ かきかた　かき

⑦ ほうほう　ほう

⑧ ほうこう　こう

●とくべつなことば…七夕：たなばた

11章(しょう) ふくしゅう

1. かん字(じ)を　よみましょう。

①ながい間　かぞくに　あうことが　できませんでした。　①
②きのうの　よる　何を　たべましたか。　②
③9時半に　ともだちに　あう　やくそくが　あります。　③く
④田中(たなか)さんは　今　出(で)かけています。　④
⑤あと5分で　でんしゃが　出ます。　⑤ご
⑥つぎの　えいがは　夕方5時(じ)からです。　⑥
⑦「時は　金(かね)なり」という　ことわざを　しっていますか。　⑦
⑧今日　よていが　ありますか。　⑧
⑨ひる間は　学校(がっこう)で　べんきょうしています。　⑨ひる
⑩友(とも)だちを　30分ぐらい　まっています。　⑩さんじっ

2. かん字(じ)を　かきましょう。

①こんげつ　大学(だいがく)の　入学(にゅうがく)しけんが　あります。　①
②はんとしまえから　えいごを　べんきょうしています。　②　まえ
③すみません。今(いま)　なんじですか。　③
④1しゅうかん　休(やす)みを　とります。　④1しゅう
⑤こんばん　いっしょに　のみに　行(い)きませんか。　⑤　ばん
⑥子(こ)どもと　あそぶじかんを　大(たい)せつに　しています。　⑥
⑦友(とも)だちに　はんぶん　おかしを　あげました。　⑦
⑧ぎん行(こう)は　花(はな)やと　本(ほん)やの　あいだに　あります。　⑧
⑨パーティーで　りょうりを　わけます。　⑨　けます
⑩おなかが　すきましたから　なにか　たべたいです。　⑩　か

11章 クイズ

1. パンフレットと（　）の よみ方を 見て □に かん字を かきましょう。

ふじ山 りょこう

5月30日（土）
9：30 しんじゅくえき

大人：7,500円、子ども：3,000円

［よやく］
ARCツアー：03-1234-5678

あなた：　もしもし、田中さん（いま）①［　］はなしても いいですか。

田中さん：はい、（なん）②［　］ですか。

あなた：　今月の 30日に いっしょに ふじ山へ 行きませんか。

田中さん：ふじ山ですか。 いいですね。30日は（なん）③［　］よう日ですか。

あなた：　④［　］よう日です。しんじゅくえきから バスで ふじ山へ 行きます。

田中さん：わかりました。（なんじ）⑤［　　］の バスですか。

あなた：　9 ⑥［　　］です。（おとな）⑦［　　］は 一人 7,500円ですよ。

田中さん：わかりました。たのしみですね。

あなた：　そうですね。（きょう）⑧［　　］ARCツアーに でんわして よやくします。

田中さん：ありがとうございます。

2. A□と B□を　あわせて　かん字(じ)を　つくりましょう。

A

日	亻	人
門	~~本~~	八

B

~~交~~	ラ	可
刀	寺	日

れい　校　□　□　□　□　□

3. ①－⑥の　かん字(じ)の　よみ方(かた)を　□に　かきましょう。
＿＿＿＿に　あなたの　こたえも　かきましょう。

友(とも)だち：いつも　①何時に　おきますか。

あなた：＿＿＿＿＿に　おきます。

友(とも)だち：しゅみは　②何ですか。

あなた：＿＿＿＿＿＿＿＿＿＿＿＿＿＿＿＿

友(とも)だち：③今日の　ごご　④時間が　ありますか。

あなた：＿＿＿＿＿＿＿＿＿＿＿＿＿＿＿＿

友(とも)だち：⑤今　いちばん　⑥何が　ほしいですか。

あなた：＿＿＿＿＿＿＿＿＿＿＿＿＿＿＿＿

①	②	③
④	⑤	⑥

12章 しょう　しぜん ー 2

Nature 2
自然 2
Tự nhiên 2

くみあわせの　かんじです。 しぜんの　かんじを　べんきょうしましょう。

林

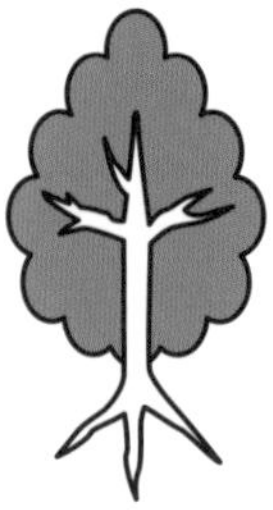

森

畑

岩

音

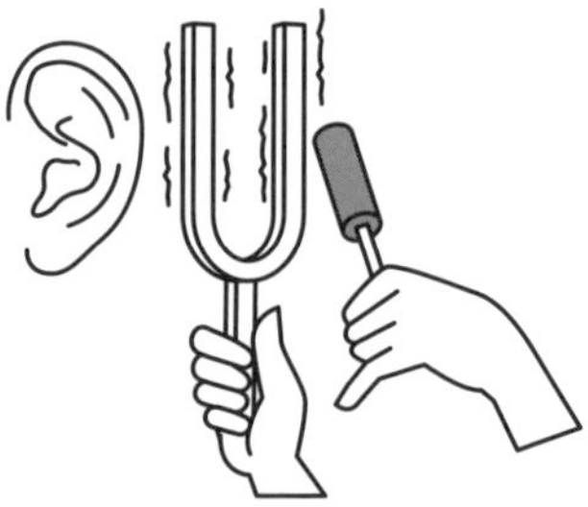

明

暗

林 はやし (－ばやし) リン 8かく	林 林	一 十 才 木 村 林
森 もり シン 12かく	森 森	一 十 才 木 森 森

◆ かん字(じ)を　よみましょう。

① うちの　ちかくに　林が　あります。

② 竹林で　竹の子を　とりました。
の

③ 日本は　森林が　おおい　くにです。

④ きのう　森の　中を　さんぽしました。

⑤ あお森けんは　りんごが　ゆう名です。
あお　けん　ゆう

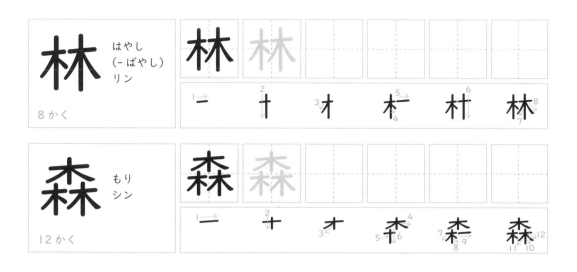

◆ かん字(じ)を　かきましょう。

① はやし　　　② すぎばやし　すぎ

③ さんりん　　④ しんりん

⑤ もり　　　　⑥ あおもりけん　あお　けん

⑦ もりさん　さん

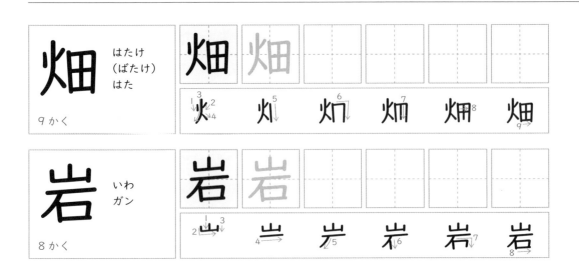

畑 はたけ (ばたけ) はた 9かく	畑	畑				
	火	灯	炯	炯	畑	畑
岩 いわ ガン 8かく	岩	岩				
	山	岩	岩	岩	岩	岩

◆ かん字(じ)を　よみましょう。

① 畑で　トマトを　つくっています。

② とうきょうは　田畑が　すくないです。

③ あそこの　岩の　上に　人が　立っています。
（　　）（　　）（　　）（　　って）

④ 来しゅう　はじめて　岩山に　のぼります。
（　　しゅう）（　　）

⑤ よう岩を　見たことが　ありますか。
（よう　　）（　　た）

◆ かん字(じ)を　かきましょう。

① はたけ
② たはた
③ トマトばたけ　トマト
④ いわ
⑤ いわやま
⑥ ようがん　よう

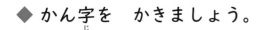

音　おと　ね　オン

9かく　＊

音　音

◆ かん字を　よみましょう。

① あの音は　なんの　音ですか。

② ピアノよりも　バイオリンの　音いろのほうが　好きです。

③ 学校で　日本語の　はつ音を　れんしゅうします。

◆ かん字を　かきましょう。

① おと　　　　　② はつおん　はつ

③ おんがく　がく　　④ ねいろ　いろ

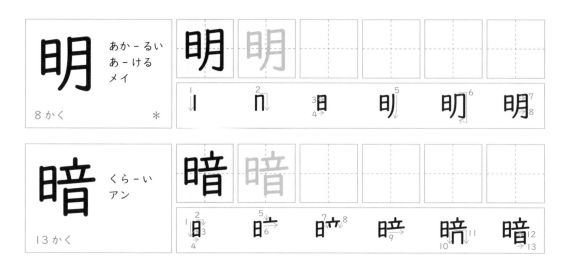

明 あか－るい あ－ける メイ 8かく ＊	明 明
暗 くら－い アン 13かく	暗 暗

◆かん字(じ)を　よみましょう。

① わたしの　へやは　とても　明るいです。
（　　るい）

② よが　明けて　外が　明るくなりました。
（　　けて）（　　）（　　るく）

③ 先生の　せつ明を　いっしょうけんめい　聞きます。
（　　）（せつ　　）（　　きます）

④ へやが　暗いですから　でんきを　つけてください。
（　　い）

⑤ この　ページを　暗きしてください。
（　　き）

◆かん字(じ)を　かきましょう。

① あかるい（　　るい）　② あけがた（　　け　）

③ よが あける（よが　　ける）　④ せつめい（せつ　　）

⑤ くらい（　　い）　⑥ めいあん（　　）

⑦ あんき（　　き）　⑧ あんざん（　　ざん）

●とくべつなことば…明日：あす・あした

12章(しょう)　ふくしゅう

1. かん字(じ)を　よみましょう。

① しゅうまつ　森へ　ハイキングに　行(い)きました。	①
② 明日までに　しゅくだいを　しなければなりません。	②
③ どんな　音がくが　好(す)きですか。	③　がく
④ とうきょうは　田畑が　すくないです。	④
⑤ へやが　暗いですから　でんきを　つけましょう。	⑤　い
⑥ 先生(せんせい)が　かん字(じ)の　よみかたを　せつ明しました。	⑥ せつ
⑦ ギターよりも　ピアノの　音いろのほうが　好(す)きです。	⑦　いろ
⑧ きのう　林の　中(なか)で　きのこを　見(み)つけました。	⑧
⑨ よが　明けて　あさが　来(き)ました。	⑨　けて
⑩ このあたりは　みかん畑が　おおいです。	⑩ みかん

2. かん字(じ)を　かきましょう。

① となりの　へやから　へんな　おとが します。	①
② もりの　おくに　きれいな　みずうみが あります。	②
③ あけがたまで　本(ほん)を　よんでいました。	③　け
④ このページを　あんきしてください。	④　き
⑤ ようがんを　見(み)たことがありますか。	⑤ よう
⑥ 日本(にほん)は　しんりんが　おおい　くにです。	⑥
⑦ にわの　はたけで　キャベツを　つくっています。	⑦
⑧ 外(そと)が　くらくなる　まえに　帰(かえ)りましょう。	⑧　く
⑨ あそこの　いわの　上(うえ)に　人(ひと)が　います。	⑨
⑩ そらが　あかるく　なりました。	⑩　るく

12章(しょう) クイズ

1. 下(した)の　えを　見(み)て、かん字(じ)を　かきましょう。

れい

好

①

②

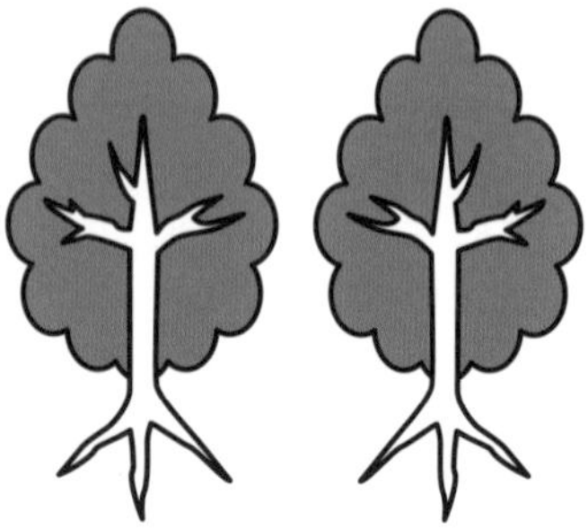

③

④

⑤

2. Bの　かん字(じ)の　中(なか)に　Aの　かん字(じ)が　あります。＿＿＿＿＿を　かきましょう。

れい

A	力	火	木	石	音	月
B	暗	森	男	明	畑	岩

3. □の中(なか)から　かん字(じ)を　えらんで　かきましょう。

① わたしの　しゅみは □ で　やさいを　つくる　ことです。

② 山田(やまだ)さんは □ ざんが　とくいです。

③ 外(そと)で　大(おお)きな □ が　しました。

④ わたしは　りょうりが　じょうずで □ るい人(ひと)と　けっこんしたいです。

⑤ 学校(がっこう)の　ちかくの □ で　よく　あそびました。

畑	林	音	明	暗

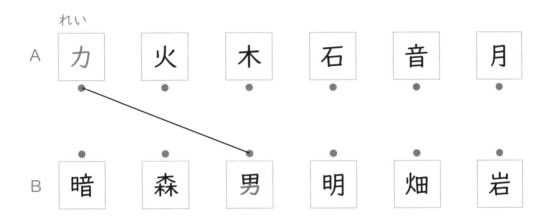

13章 どうし－2

Verb 2
动词 2
Động từ 2

どうしの　かん字です。えを　ヒントに　べんきょうしましょう。

言

書

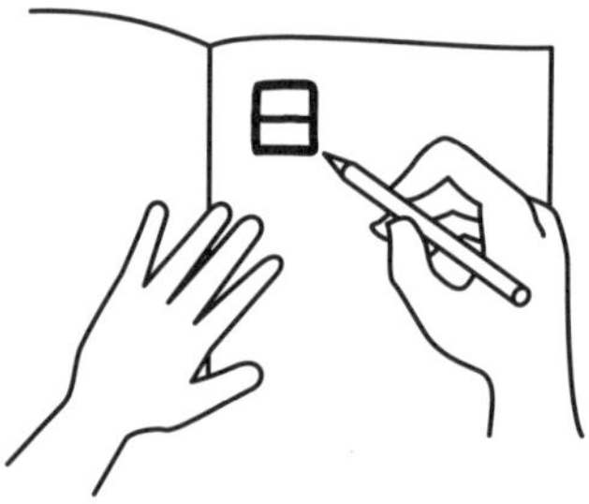

読

話

食

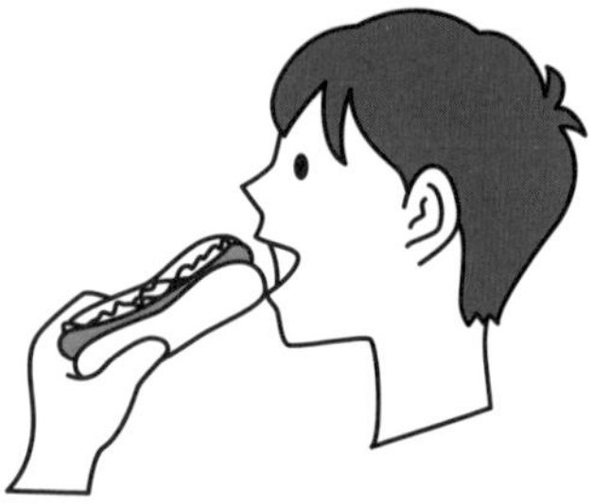

飲

買

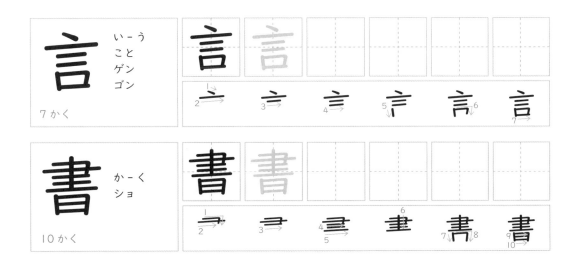

言	いーう こと ゲン ゴン	7かく
書	かーく ショ	10かく

◆ かん字(じ)を　読(よ)みましょう。

① 日本語(ご)で　言ってください。

ご　って

② 日本には　いろいろな　方言が　あります。

③ でん言を　おねがいします。

でん

④ ここに　名まえを　書いてください。

まえ　いて

⑤ じ書で　言ばの　いみを　しらべます。

じ　ば

◆ かん字(じ)を　書(か)きましょう。

① いう　＿＿う　② ことば　＿＿ば

③ ほうげん　＿＿　④ でんごん　でん＿＿

⑤ かく　＿＿く　⑥ じしょ　じ＿＿

⑦ しょどう　＿＿どう

読 よ-む ドク 14かく ＊	読 読
話 はな-す はなし ワ 13かく	話 話

◆ かん字(じ)を　読(よ)みましょう。

① まいばん　本を　読みます。
　　みます

② 川口さんは　読書が　好きです。
　さん　き

③ 中山さんと　きっさてんで　２時間　話しました。
　さん　に　しました

④ ゆう名な　大学の　先生の　話を　聞きました。
ゆう　な　きました

⑤ かい話の　れんしゅうを　しましょう。
かい

◆ かん字(じ)を　書(か)きましょう。

① よむ　む
② どくしょ
③ おんどく
④ はなす　す
⑤ はなし
⑥ かいわ　かい
⑦ でんわ　でん
⑧ しゅわ

食　たーべる　ショク
9かく　＊
食　食
（書き順：1 2 3 4 5 6 7 8 9）

飲　のーむ　イン
12かく
飲　飲
（書き順：1 2 3 4 5 6 7 8 9 10 11 12）

◆ かん字を　読みましょう。

① ひるごはんは　何を　食べましたか。
　　　　　　べましたか

② 今ばん　いっしょに　食じを　しませんか。
　　ばん　　　　じ

③ 学校の　食どうで　ひるごはんを　食べました。
　　どう　　　　べました

④ あたたかい　お茶を　飲みます。
　　お　　みます

⑤ 飲食てんで　アルバイトを　しています。
　　てん

◆ かん字を　書きましょう。

① たべる　＿＿べる　　② たべもの　＿＿べ＿＿

③ しょくじ　＿＿じ　　④ しょくどう　＿＿どう

⑤ のむ　＿＿む　　⑥ のみもの　＿＿み＿＿

⑦ いんしょくてん　＿＿＿＿てん

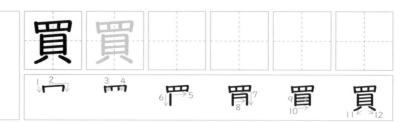

# 買 かーう バイ 12かく	買 買 （書き順 1–12）

◆ かん字(じ)を　読(よ)みましょう。

① きのう　デパートで　大きい　かばんを　買いました。
　　　　　　　　　　　　　　きい　　　　　　　いました

② 休日は　よく　友だちと　買い物に　行きます。
　　　　　　　　　　だち　　い　　　　きます

◆ かん字(じ)を　書(か)きましょう。

① かう　＿＿う　　② かいもの　＿＿い

③ ばいばい　ばい＿＿

13章(しょう)　ふくしゅう

1. かん字(じ)を　読(よ)みましょう。

① 学校(がっこう)に　でん話を　かけました。	① でん
② 一(いち)ばん　好(す)きな　食べ物は　なんですか。	② べ
③「おおきに」は　かんさいの　方言です。	③
④ 1か月(げつ)に　十(じっ)さつ　本(ほん)を　読みます。	④ みます
⑤ この言ばの　いみは　なんですか。	⑤ ば
⑥ まいあさ　コーヒーを　飲みます。	⑥ みます
⑦ わたしは　こわい話が　大好(だいす)きです。	⑦
⑧ 飲食てんで　アルバイトを　したいです。	⑧ てん
⑨ こんど　いっしょに　食じを　しませんか。	⑨ じ
⑩ すみませんが　もういちど　言ってください。	⑩ って

2. かん字(じ)を　書(か)きましょう。

① きのう　はじめて　さしみを　たべました。	① べました
② わたしの　しゅみは　どくしょです。	②
③ 今日(きょう)　あたらしい　でん子(し)じ書(しょ)を　かいます。	③ います
④ 山下(やました)さんに　でんごんを　おねがいします。	④ でん
⑤ かいわを　もっと　れんしゅうしましょう。	⑤ かい
⑥ 明日(あした)　しぶやへ　かいものに　行(い)きます。	⑥ い
⑦ こちらに　名(な)まえと　じゅうしょを　かいてください。	⑦ いて
⑧ 何(なに)か　のみものは　いかがですか。	⑧ み
⑨ きのう　母(はは)と　1時間(じかん)　はなしました。	⑨ しました
⑩ このしょくどうの　りょうりは　おいしいです。	⑩ どう

13章(しょう) クイズ

1. [　　] の も字(じ)を つかって □ に かん字(じ)を 書(か)きましょう。

~~日~~	売	日	良	舌	食	貝

れい　でん [言] を　おねがいします。

① [欠] み物(もの)は　何(なに)が　いいですか。

② でん [言] を　かけます。

③ [八] じに　行(い)きませんか。

④ じ [聿] で　しらべます。

⑤ スーパーで [罒] い物(もの)を　します。

⑥ 音(おん) [言] を　します。

2. サリーさんの　にっきです。かん字(じ)を　読(よ)みましょう。

せんしゅうの　日よう日　マリアさんと　買い物に　行きました。
れい にちようび　① 　い　② 　きました

デパートで　二千円の　サンダルを　買いました。
③ 　　④ 　いました

それから　ゆう名な　カレーやで　ひるごはんを　食べました。みせに　人が
⑤ ゆう　な　⑥ 　べました　⑦

たくさん　いましたから　名まえを　書いて　まちました。
⑧ 　まえ　⑨ 　いて

カレーは　とても　おいしかったです。

マリアさんも「30分　まちましたが　よかったです。」と　言いました。
⑩ さんじっ　⑪ 　いました

それから　カフェで　お茶を　飲みました。２時間(じかん)　話しました。
⑫ お　⑬ 　みました　⑭ 　しました

たのしい　一日でした。
⑮

3. 何を　していますか。かん字で　書きましょう。

① パットさんは　本を＿＿＿＿＿＿います。

② トムさんは　でん話で＿＿＿＿＿＿います。

③ ロビンさんは　ジュースを＿＿＿＿＿＿います。

④ マリーさんは　音がくを＿＿＿＿＿＿います。

⑤ ジムさんは　おかしを＿＿＿＿＿＿います。

⑥ キャリーさんは　お茶を＿＿＿＿＿＿います。

14章(しょう) 町(まち)

Town
街道
Thị trấn, khu phố

まちの　かん字(じ)です。えを　ヒントに　べんきょうしましょう。

町

寺

電

車

北

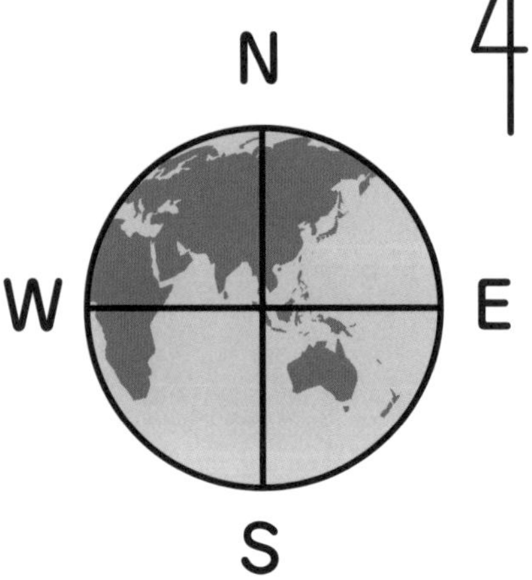

西

東

南

町　まち　チョウ　7かく	町 町	丨 ⺆ ⺆ 田 田 町
寺　てら　ジ　6かく	寺 寺	一 十 土 圭 寺 寺

◆ かん字(じ)を　読(よ)みましょう。

① この町に　大きい　寺が　あります。
　　　　　　　きい

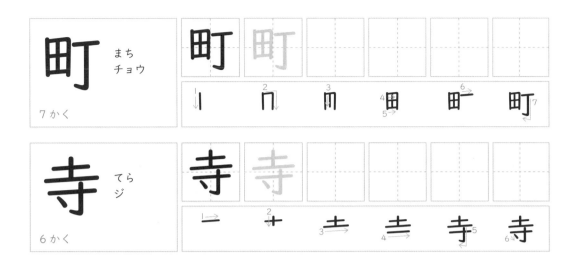

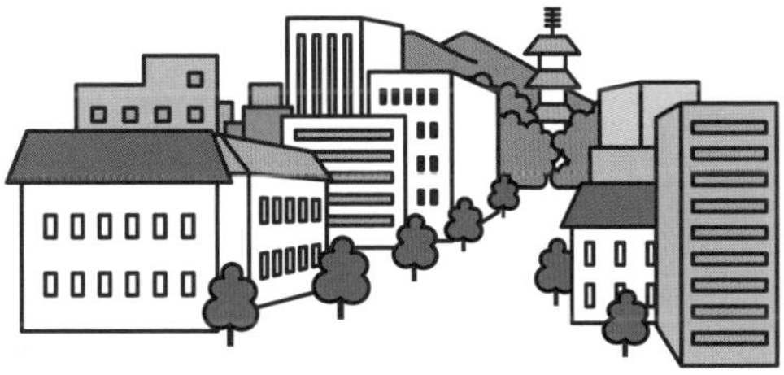

② わたしの　父は　町ちょうです。
　　　　　　　　　ちょう

③ 休みの　日に　下町を　あるきました。
　　み

④ 先生と　わたしは　おなじ　町内に　すんでいます。

⑤ ほうりゅう寺は　日本で　一ばん　ふるい　寺です。
ほうりゅう　　　　　　ばん

◆ かん字(じ)を　書(か)きましょう。

① まち　　② したまち

③ ちょうちょう　ちょう　　④ ちょうない

⑤ てら　　⑥ ほうりゅうじ　ほうりゅう

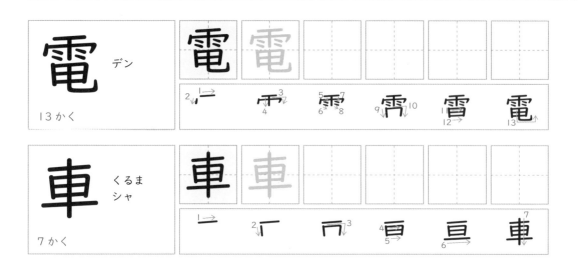

電　デン

13かく

車　くるま　シャ

7かく

◆ かん字(じ)を　読(よ)みましょう。

① この電車は　しんじゅくへ　行きますか。

　　きますか

② へやの　電きを　つけます。

　　き

③ 友だちに　電話を　しました。

　　だち

④ うちから　えきまで　車で　5分です。

　　ご

⑤ じてん車で　買い物に　行きます。

　　じてん　　い　　きます

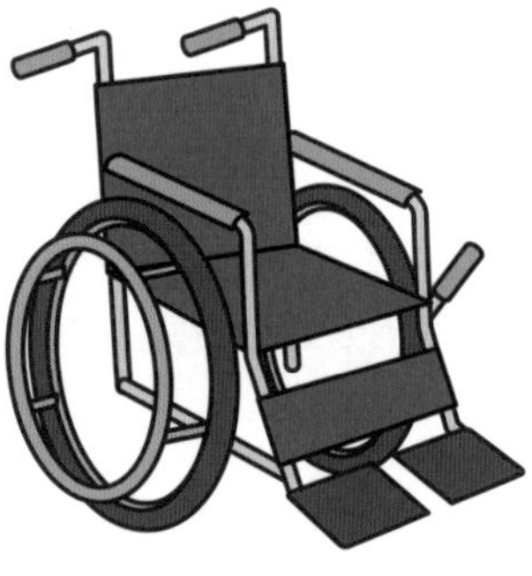

◆ かん字(じ)を　書(か)きましょう。

① でんき　　き

② でんわ

③ でんしゃ

④ でんりょく

⑤ くるまいす　　いす

⑥ じてんしゃ　　じてん

⑦ しゃない

⑧ じどうしゃ　　じどう

東　ひがし　トウ

8かく

東 東

西　にし　セイ

6かく　＊

西 西

◆ かん字(じ)を　読(よ)みましょう。

① 学校は　えきの　東に　ありますか。西に　ありますか。

② 東きょうの　人口は　どのくらいですか。

　　きょう

③ 西口に　大きい　デパートが　あります。

　　きい

④ 今日は　ほく西の　かぜが　つよいです。

　　ほく

⑤ きのう　西日本に　大雨が　ふりました。

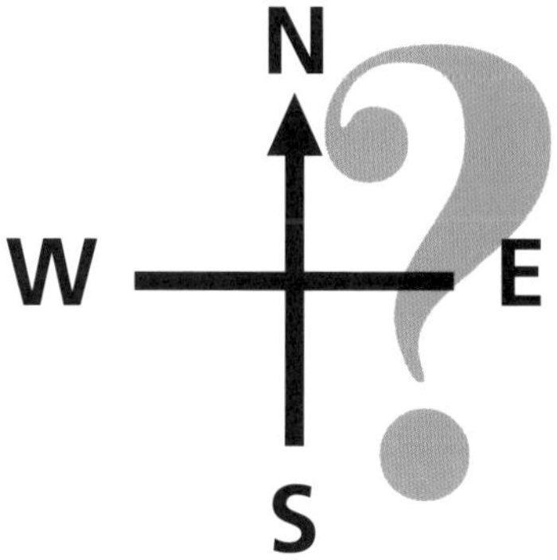

◆ かん字(じ)を　書(か)きましょう。

① ひがし

② ひがしぐち

③ ひがしにほん

④ かんとうちほう　かん　ち

⑤ にし

⑥ にしぐち

⑦ にしにほん

●とくべつなことば…かん西：かんさい

南	みなみ ナン	9かく　＊
北	きた ホク （ホッ－）	5かく

◆ かん字（じ）を　読（よ）みましょう。

① 友だちと　南アメリカを　りょ行しました。

　　だち　アメリカ　りょ

② 南ごくの　フルーツは　あまくて　おいしいです。

　　ごく

③ ゆうびんきょくは　北口から　あるいて　３分ぐらいです。

　　さん

④ 北かいどうは　日本の　一ばん　北に　あります。

　　かいどう　ばん

⑤ 東北ち方は　ゆきが　たくさん　ふります。

　　ち

◆ かん字（じ）を　書（か）きましょう。

① みなみ

② みなみぐち

③ とうなんアジア　　アジア

④ なんごく　　ごく

⑤ きた

⑥ きたぐち

⑦ ほくせい

⑧ とうほくちほう　　ち

●とくべつなことば…東西南北：とうざいなんぼく

14章 ふくしゅう

1. かん字を　読みましょう。

① 北かいどうは　魚や　貝が　おいしいです。　① かいどう
② 南アフリカで　ワールドカップが　ありました。　② アフリカ
③ 町の　おまつりは　にぎやかです。　③
④ 東きょうで　一人ぐらしを　はじめました。　④ きょう
⑤ 電車に　のって　うみへ　行きました。　⑤
⑥ あたらしい　車が　ほしいです。　⑥
⑦ うちの　ちかくに　ふるい　寺が　あります。　⑦
⑧ 下町には　むかしの　たてものが　のこっています。　⑧
⑨ じてん車で　友だちの　うちへ　行きました。　⑨ じてん
⑩ わたしの　うちは　えきの　北西に　あります。　⑩

2. かん字を　書きましょう。

① ほうりゅうじへ　行って　おまもりを　かいました。　① ほうりゅう
② びょういんは　にしぐちから　あるいて　3分です。　②
③ しゃないで　食べたり　飲んだりしてはいけません。　③
④ おなじ　ちょうないに　友だちが　たくさん　います。　④
⑤ ここに　くるまは　入ることが　できません。　⑤
⑥ 先しゅう　しごとで　とうなんアジアへ　行きました。　⑥ アジア
⑦ えきに　ついてから　でんわしてください。　⑦
⑧ 学校まで　でんしゃで　30分です。　⑧
⑨ つめたい　きたからの　かぜが　ふいています。　⑨
⑩ パイナップルは　なんごくの　くだものです。　⑩ ごく

14章 クイズ

1. これは　何ですか。（　　）に　かん字を　書きましょう。また　①～⑥は　どれですか。A、B、Cを　書きましょう。

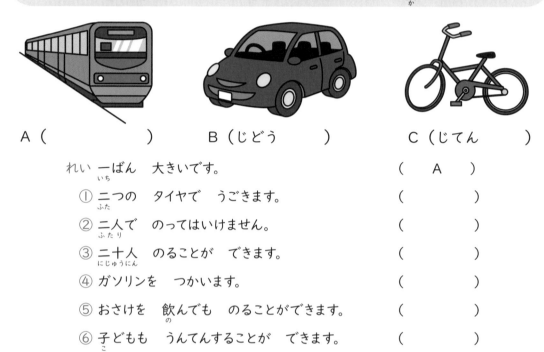

A（　　　　　　）　B（じどう　　　）　C（じてん　　　）

れい　一ばん　大きいです。　（　A　）

① 二つの　タイヤで　うごきます。　（　　　）

② 二人で　のってはいけません。　（　　　）

③ 二十人　のることが　できます。　（　　　）

④ ガソリンを　つかいます。　（　　　）

⑤ おさけを　飲んでも　のることができます。　（　　　）

⑥ 子どもも　うんてんすることが　できます。　（　　　）

2. かん字の　けいさんです。　かん字を　書きましょう。

れい	田	＋	丁	＝	町					
①	土	＋	寸	＝						
②	二	＋	日	＋	丨	＝				
③	酉	−	一	＝						
④	申	＋	一	＋	八	＝				
⑤	十	＋	冂	＋	（羊	−	一）	＝		

3. かん字(じ)を　書(か)きましょう。

さくぶん　　　　1A　ジュリア

せんげつの　やすみに　ともだちと　かまくらへ　いきました。
①　　②　　み　③　　だち　　④　　きました

かまくらには　ふるい　てらが　たくさん　あります。
⑤

とうきょう から　でんしゃで　１じかんでした。
⑥　　きょう　⑦　　⑧　１

かまくらえきで　じてんしゃを　かりて　いろいろな　ばしょへ　いきました。
⑨　じてん

おひるごはんは　ゆうめいな　そばやで　そばを　たべました。
⑩　ゆう　　な　　⑪　　べました

ほんで　しらべて　まえの　ひに　でんわで
⑫　　⑬　⑭

よやくしました。とても　おいしかったです。

ごはんを　たべて　うみへ　いきました。　きれいな　かいを　ひろいました。
⑮　　べて　　⑯

おみやげも　かって　かえりました。とても　たのしい　いちにちでした。
⑰　　って　⑱　　りました　　⑲

15章 けいようし

Adjective
形容词
Tính từ

けいようしの　かん字です。

新　　古　　長

安　　多　　少

元　　気

新　あたら－しい　シン
13かく　＊
新　新
筆順：亠　辛　亲　亲　新　新

古　ふる－い　コ
5かく　＊
古　古
筆順：一　十　十　古　古

◆ かん字(じ)を　読(よ)みましょう。

① 新年　おめでとうございます。

② けさ　新聞を　読みましたか。
　みましたか

③ 新しい　車　が ほしいです。
　しい

④ 先月　中古車を　買いました。
　いました

⑤ きょうとは　古い　町です。
　い

◆ かん字(じ)を　書(か)きましょう。

① あたらしい　しい
② しんねん
③ しんぶん
④ しんしゃ
⑤ しんにゅうしゃいん　しゃいん
⑥ ふるい　い
⑦ ふるほん
⑧ ちゅうこしゃ

長	ながーい チョウ	長 長
8かく		

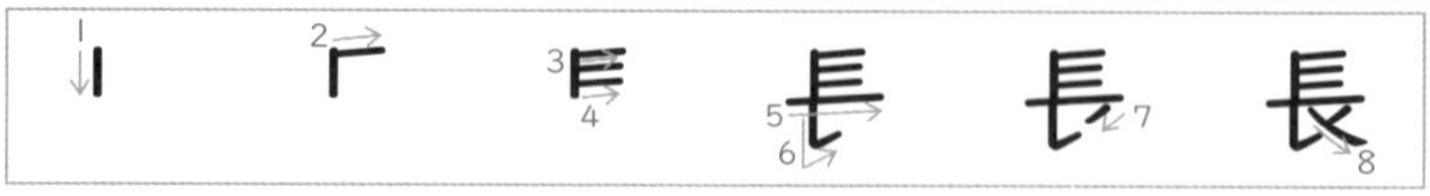

安	やすーい アン	安 安
6かく		

◆ かん字(じ)を　読(よ)みましょう。

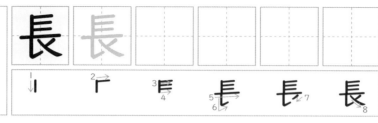

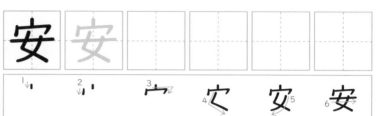

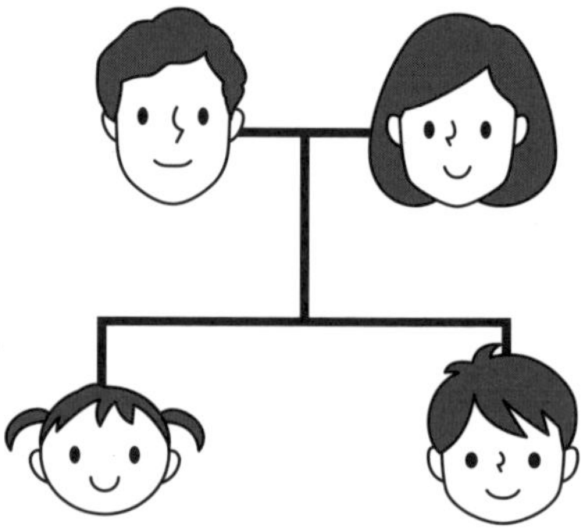

① 山田さんは　かみが　長い　人です。
　（　　　さん）（　　い）（　　）

② わたしの　長男は 五さい、長女は　三さいです。
　（　　　）（　　　）

③ わたしの　父は　小学校の　校長です。
　（　　）（　　　）（　　　）

④ ちょっと　高いですね。もっと　安い　シャツは　ありませんか。
　（　　い）（　　い）

⑤ ひさしぶりに　むすこと　電話で　話しました。とても　安しんしました。
　（　　）（　　しました）（　　しん）

◆ かん字(じ)を　書(か)きましょう。

① ながい　（　　　い）　② ながねん　（　　　）

③ しゃちょう　（しゃ　　　）　④ ちょうじょ　（　　　）

⑤ こうちょう　（　　　）　⑥ やすい　（　　　い）

⑦ あんしん　（　　　しん）　⑧ あんぜん　（　　　ぜん）

多　おお－い　タ
6かく

多　多

ノ　ク　タ　多　多　多

少　すく－ない　すこ－し　ショウ
4かく

少　少

亅　小　小　少

◆ かん字(じ)を　読(よ)みましょう。

① 今月は　ざんぎょうが　多いです。
　　　　　　　　　　　い

② これは　多すうの　人の　い見です。
　　　すう　　　　い

③ わたしは　ベトナム語(ご)が　多少　わかります。

④ この町の　人口は　きょ年より　少ないです。
　　　きょ　　ない

⑤ 少し　かん字を　読むことが　できます。
　し　かん　む

◆ かん字(じ)を　書(か)きましょう。

① おおい　　い
② たすう　　すう
③ たしょう
④ すくない　　ない
⑤ すこし　　し
⑥ しょうねん
⑦ しょうじょ
⑧ しょうすう　　すう

元　もと／ゲン／ガン　4かく

気　キ　6かく　＊

◆ かん字を　読みましょう。

① 一月一日は　元日です。

② 大田さんは　元　小学校の　先生です。
　　　　　　　さん

③ ひさしぶりですね。お元気ですか。

④ 今日は　てん気が　いいですね。
　　　　　　　てん

⑤ 気分は　いかがですか。

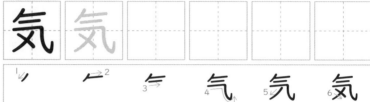

◆ かん字を　書きましょう。

① がんじつ

② げんき

③ てんき　　てん

④ きもち　　　　　　もち

⑤ きぶん

⑥ びょうき　びょう

⑦ でんき

15章(しょう)　ふくしゅう

1. かん字(じ)を　読(よ)みましょう。

① わたしの　父(ちち)は　高校(こうこう)の　校長です。　①
② かわいい　少女が　ベンチに　すわっています。　②
③ くにの　母(はは)が　安しんしますから　よく　電話(でんわ)をします。　③ しん
④ 古い　しゃしんを　見(み)ました。　④ い
⑤ この町(まち)は　マンションが　多いです。　⑤ い
⑥ 中古車を　三十万円(さんじゅうまんえん)で　買(か)いました。　⑥
⑦ もう少し　ゆっくり　話(はな)してください。　⑦ し
⑧ 元日に　かぞくと　いっしょに　はつもうでに　行(い)きます。　⑧
⑨ 四月(しがつ)に　新入しゃいんが　二人(ふたり)　入(はい)りました。　⑨
⑩ 今日(きょう)は　あさから　気分が　よくないです。　⑩

2. かん字(じ)を　書(か)きましょう。

① しんねん　おめでとうございます。　①
② 山下(やました)さんは　もと　けいさつかんです。　②
③ あんぜんに　気(き)をつけて　しごとをします。　③ ぜん
④ ボーナスで　あたらしい　かばんを　買(か)いました。　④ しい
⑤ わたしは　えいごが　たしょう　わかります。　⑤
⑥ いつも　やすい　スーパーで　買(か)い物(もの)を　します。　⑥ い
⑦ この町(まち)は　10年(ねん)まえより　人(ひと)が　すくなくなりました。　⑦ なく
⑧ そ母(ぼ)は　八十五(はちじゅうご)さいですが　とても　げんきです。　⑧
⑨ わたしは　ながねん　ロンドンに　すんでいました。　⑨
⑩ あさの　ジョギングは　きもちが　いいです。　⑩ もち

15章(しょう) クイズ

1. ヒントを 読(よ)んで、□に かん字(じ)を 書(か)きましょう。

① あのレストランは　おきゃくさんが　□　ないですね。

ヒント：あまり 人(ひと)が いません 。

② しぶやは　わかい　人(ひと)が　□　い　まちです。

ヒント：たくさん 人(ひと)が います。

③ わたしの　車(くるま)は　□　しいです。

ヒント：3日(か)まえに　買(か)いました。

④ わたしの　とけいは　とても　□　いです。

ヒント：10年(ねん)まえに　友(とも)だちに　もらいました。

⑤ このりんごは　とても　□　かったです。

ヒント：スーパーで 200円(えん)でした。

⑥ このゆびわは　とても　□　かったです。

ヒント：ボーナスで　買(か)いました。

2. かん字(じ)を　つくりましょう。

れい	日	+	月	→	明		
①	宀	+	女	→			
②	夕	+	夕	→			
③	小	+	ノ	→			
④	立	+	木	+	斤	→	
⑤	二	+	儿	→			

3. トムさんが　子(こ)どもについて　話(はな)しています。＿＿＿＿の かん字(じ)の　読(よ)み方(かた)を　書(か)きましょう。

わたしの　子どもの　名まえは　マリーです。今年　5さいです。

①（　　）ども　②（　　）まえ　③（　　）

かみが　長くて　かわいい　女の子です。　日本人の　子どもより

④（　　）くて　⑤（　　）の　⑥（　　）　⑦（　　）ども

少し　せが　高いです。いつも　元気です。

⑧（　　）し　⑨（　　）い　⑩（　　）

きのう　はじめて　日本人の　友だちが　うちへ　あそびに　来ました。

⑪（　　）　⑫（　　）だち　⑬（　　）ました

マリーは　友だちと　日本語(ご)で　話していました。

⑭（　　）して

わたしと　つまは　少し　安しんしました。

⑮（　　）しん

11章(しょう)〜15章(しょう) アチーブメントテスト

1. かん字(じ)を　読(よ)みましょう。

① 夕方から　かぜが　つよく　なりました。

② 先(せん)しゅう　おなじ　クラスの　学生(がくせい)と　飲みに　行(い)きました。
　　み

③ 時間が　ありませんから　タクシーで　行(い)きます。

④ そらが　暗いですから　たぶん　雨(あめ)が　ふると　おもいます。
　　い

⑤ もう　12時(じ)ですね。何か　食(た)べに　行(い)きませんか。
　　か

⑥ 畑を　かりて　やさいを　つくる人(ひと)が　多く　なりました。
　　く

⑦ 木田(きだ)さんは　とても　明るい　人(ひと)です。
　　るい

⑧ 車の　うんてんが　できますか。

⑨ デパートよりも　うちの　ちかくの　スーパーの　ほうが　安いです。
　　い

⑩ すみません。もう少し　ゆっくり　言(い)ってください。
　　し

2. かん字(じ)を　書(か)きましょう。

① いんしょくてん　＿＿てん

② でんわ　＿＿

③ とうきょう　＿＿きょう

④ かいもの　＿＿い＿＿

⑤ しゃちょう　しゃ＿＿

⑥ みなみぐち　＿＿

⑦ にしにほん　＿＿

⑧ しんりん　＿＿

⑨ ちょうじょ　＿＿

⑩ でんごん　でん＿＿

3. かん字(じ)を　書(か)いたり　読(よ)んだりしましょう。

わたしの　しゅみは　①どくしょと　さんぽです。

まい日(にち)　②でんしゃで　学校(がっこう)へ 行(い)きます。わたしの　③町から　学校(がっこう)まで　④１じかんはんぐらい　かかりますから　いつも でんしゃの　中(なか)で　本(ほん)を　⑤よみます。エッセイや　おもしろい　⑥話が　好(す)きです。

⑦てん気が　いい日(ひ)は　出(で)かけます。わたしの　うちから　⑧北に　⑨10ぷんぐらい　あるくと　⑩ふるい　⑪寺が　あります。寺の　となりに　すぎの　⑫林が　あります。ときどき　林を　さんぽします。気(き)もちが　よくて　⑬げんきに　なります。

寺の　⑭ひがしに　⑮やさい畑が あります。　⑯畑に　いる　おばあさんと　さんぽのとき　よく　⑰話します。ときどき　おばあさんが　つくった　やさいを　いっしょに　⑱たべます。

おばあさんが「⑲今　トマトを　つくっていますから　今(こん)ど　あげますよ。」と　⑳言いました。とても　たのしみです。

①	②	③	④ １
⑤　　　　みます	⑥	⑦ てん	⑧
⑨ 10	⑩　　　　い	⑪	⑫
⑬	⑭	⑮ やさい	⑯
⑰　　　　します	⑱　　　　べます	⑲	⑳　　　　いました

ノート

１．つぎの　えから　どんな　かんじが　できましたか。

	え		かん字	つかいかた
れい			月	・月がきれいです ・正月
1	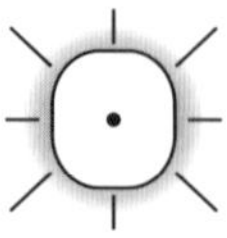	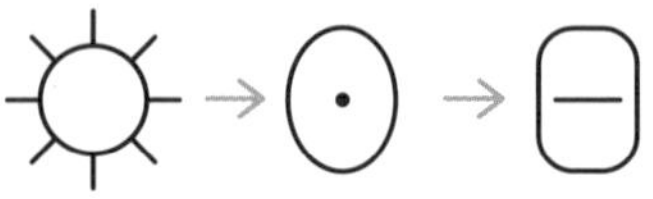		
2	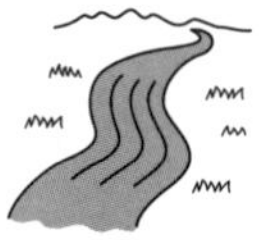	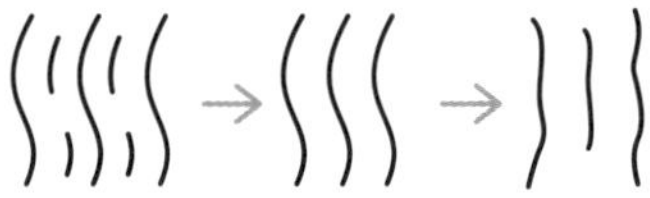		
3		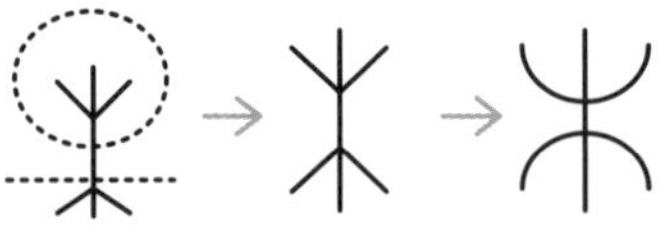		
4	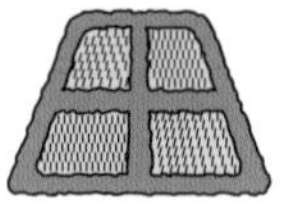			
5				
6	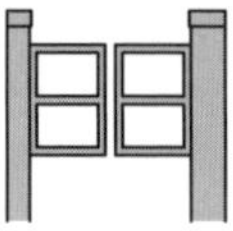	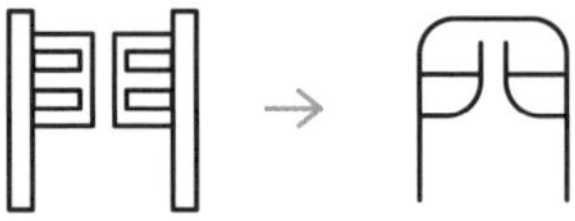		
7		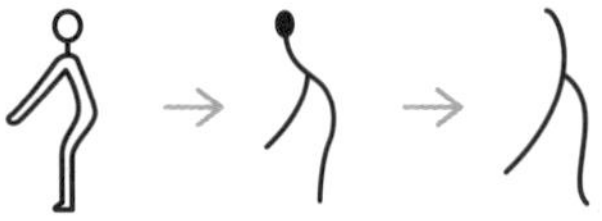		
8				
9				

ノート

	え		かん字	つかいかた
10				
11		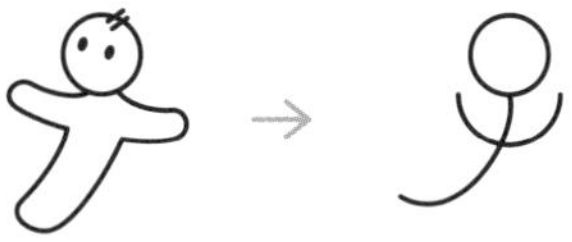		
12				
13				
14	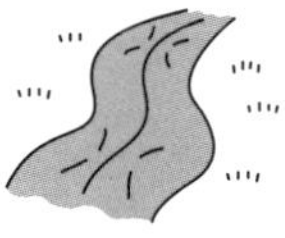	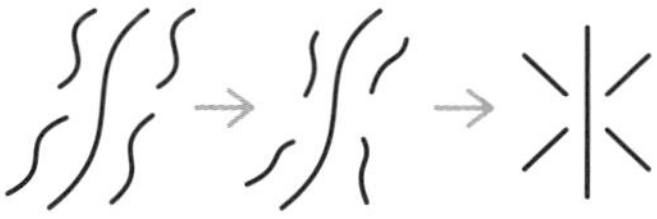		
15	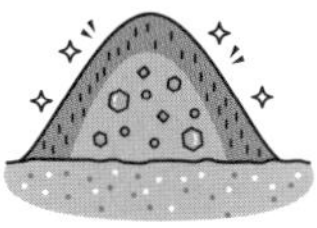	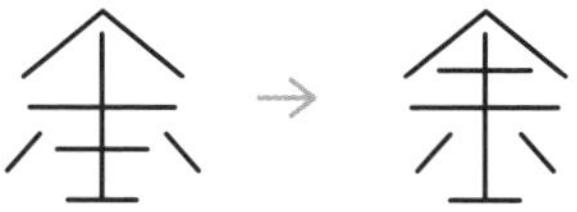		
16	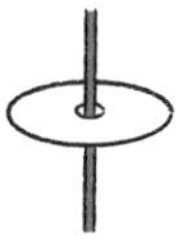			
17				
18				
19	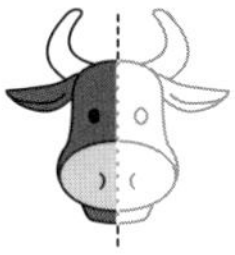			

ノート

	え		かん字(じ)	つかいかた
20				
21		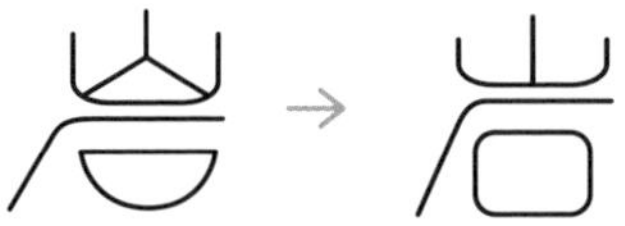		
22				
23				
24	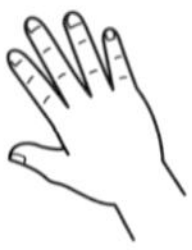			
25	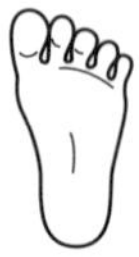	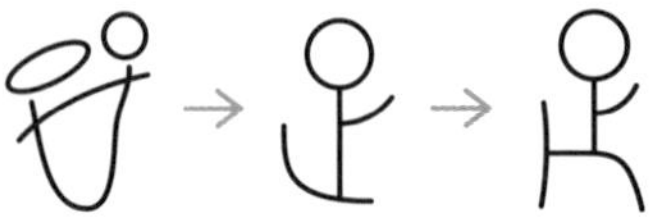		
26				
27				
28				
29	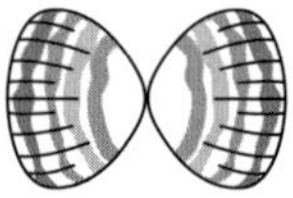			

ノート

	え		かん字	つかいかた
30				
31				
32				
33				
34				
35	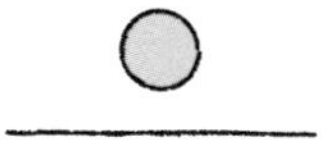			
36	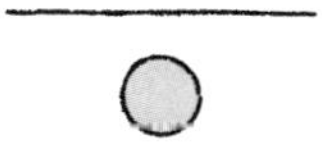			

ノート

2. どうやって　できましたか。

		かん字(じ)	つかいかた
37	亻 + 木		
38	女 + 子		
39	木 + 木		
40	木 + 木 + 木		
41	厂 + 口		
42	日 + 月		
43	田 + 力		
44	艹 + 化		
45	牛 + 勿		
46	亻 + 本		

ノート

		かん字(じ)	つかいかた
47	門 ＋ 耳		
48	日 ＋ 寺		
49	日 ＋ 音		
50	火 ＋ 田		

そのほかの　よみかた

章	ページ	かん字	読み
1	19	一	ひと
1	19	一	イツ
1	19	二	ふた
1	20	三	み
1	20	三	み－つ
1	20	四	よ－つ
1	21	五	いつ
1	21	六	む
1	21	六	む－つ
1	21	六	むい
1	22	七	なな
1	22	七	なの
1	22	八	や
1	22	八	や－つ
1	22	八	よう
1	23	九	ここの
1	23	十	と
1	24	千	ち
1	25	万	バン
1	25	円	まる－い
2	31	火	ほ
2	32	木	こ
2	33	金	かな
2	33	金	コン
2	33	土	ト
3	39	口	ク
3	40	目	ま
3	40	目	ボク
3	41	手	た
3	41	足	た－りる
3	41	足	た－る
3	42	力	リキ

章	ページ	かん字	読み
4	47	川	セン
4	48	石	シャク
4	48	石	コク
4	50	雨	あま
5	55	上	うわ
5	55	上	かみ
5	55	上	あ－げる
5	55	上	のぼ－せる
5	55	上	のぼ－す
5	55	上	ショウ
5	55	下	しも
5	55	下	もと
5	55	下	さ－げる
5	55	下	くだ－す
5	55	下	くだ－さる
5	55	下	お－ろす
5	55	下	お－りる
5	55	下	カ
5	56	右	ユウ
5	57	外	ほか
5	57	外	はず－す
5	57	外	はず－れる
5	57	外	ゲ
5	57	内	ダイ
6	66	生	い－かす
6	66	生	い－ける
6	66	生	う－む
6	66	生	お－う
6	66	生	は－える
6	66	生	は－やす
6	66	生	き
6	66	生	なま

そのほかの　よみかた

章	ページ	かん字	読み
6	67	字	あざ
6	68	休	やす－まる
6	68	休	やす－める
7	73	大	おお
7	73	大	おお－いに
7	73	小	お
7	74	高	たか
7	74	高	たか－まる
7	74	高	たか－める
7	75	入	い－る
7	75	出	スイ
7	76	門	かど
7	76	体	テイ
8	82	子	ス
8	82	男	ナン
8	83	女	め
8	83	女	ニョ
8	83	女	ニョウ
9	89	立	リュウ
9	89	立	た－てる
9	90	見	み－える
9	90	聞	き－こえる
9	90	聞	モン
9	91	行	ゆ－く
9	91	行	アン
9	91	来	きた－る
9	91	来	きた－す
9	92	帰	かえ－す
10	97	米	ベイ
10	97	茶	サ
10	100	好	この－む
10	100	好	す－く
11	107	間	ケン
11	108	半	なか－ば
11	108	分	わ－かれる
11	108	分	わ－かる
11	108	分	わ－かつ
11	108	分	ブ
11	109	今	キン
11	109	何	カ
11	110	夕	セキ
12	117	音	イン
12	118	明	あ－かり
12	118	明	あか－るむ
12	118	明	あか－らむ
12	118	明	あきらか
12	118	明	あ－く
12	118	明	あ－くる
12	118	明	あ－かす
12	118	明	ミョウ
13	124	読	トク
13	124	読	トウ
13	125	食	く－う
13	125	食	く－らう
13	125	食	ジキ
14	133	西	サイ
14	134	南	ナ
15	139	新	あら－た
15	139	新	にい
15	139	古	ふる－す
15	142	気	ケ

解答(かいとう)

◆1章(しょう)

p19　①ひとつ　ふたつ　②いちまい　③いちがつ　④いちにち　いっぽん　⑤にかい
①一つ　②一まい　③一にち　④一こ　⑤一ぽん　⑥二つ　⑦二だい　⑧二がつ

p20　①みっつ　よっつ　②いちまんえんさつ　さんまい　③いちにち　よじかん
④よんほん　⑤しがつ
①三つ　②三まい　③三ぼん　④三さい　⑤四つ　⑥四ほん　⑦四じかん　⑧四がつ

p21　①いつつ　②ごにん　③ごがつ　④ろくがつ　⑤ろっぽん
①五つ　②五にん　③五がつ　④五かい　⑤六つ　⑥六がつ　⑦六じ　⑧六ぽん

p22　①ななかい　②しちがつ　③しちごさん　④はちがつ　⑤はっこ・はちこ
①七つ　②七まい　③七がつ　④七五三　⑤八つ　⑥八がつ　⑦八ぽん　⑧八まい

p23　①きゅうこ　②くじ　じゅうじ　③きゅうにん　ひとつ　④くがつ　とおか
⑤にじっぷん
①九つ　②九か　③九にん　④九じ　⑤十か　⑥十にん　⑦十じ　⑧三十ぷん

p24　①ひゃくにん　②いちねん　さんびゃくろくじゅうごにち　③せんえんさつ
④きゅうせんはっぴゃくえん　⑤さんぜんえん
①百にん　②百こ　③三百にん　④六百えん　⑤千にん　⑥八千えん
⑦三百六十五にち

p25　①いちまんきゅうせんにん　②ななひゃくまんにん　③いちまんえんさつ
④さんびゃくまんえん　⑤ごひゃくドル　えん
①二万にん　②五百万にん　③百円　④千円　⑤一万円　⑥十万円　⑦百万円
⑧一千万円

p26　ふくしゅう
1. ①みっつ　②いつつ　③いっぽん　④にまい　⑤くじ　⑥よんじっぷん
⑦ななかい　⑧さんぜんえん　⑨よんひゃくえん　⑩さんびゃくにん
2. ①四じかん　②七五三　③二かい　④六こ　⑤十万円　⑥九千円
⑦十一にん　⑧八ぽん　⑨六百円　⑩一にち

p28　クイズ
1. ①二＜七＜九　②五＜六＜八　③百＜千＜万
2. ①六　ろっぽん　②四　よんだい　③五　ごまい　④九　きゅうこ
⑤八　はっさつ
3. ①六百八十円　②四百七十円　③三万百七円　④五千二百万円　⑤二千二百八十円
4. ①二　十四　九　②三　③六　十七　十八　④五〇三

◆2章(しょう)

p31　①つき　②げつようび　③こんげつ　④くがつ　⑤ひ
①月　②月ようび　③こん月　④1か月　⑤11月　⑥火　⑦たばこの　火　⑧火ようび

p32　①みず　②すいようび　③さくらの　き　④たいぼく　⑤もくようび
①水　②水ようび　③水えい　④こう水　⑤りんごの　木　⑥たい木　⑦木ようび

p33　①おかね　②きん　③きんようび　④つち　⑤どようび
①お金　②金　③金ようび　④げん金　⑤りょう金　⑥土　⑦土ようび

p34　①にちようび　はははのひ　②せいねんがっぴ　③しちがつなのか

④まいとし　たんじょうび　⑤にねんまえ
①ちちの日　②たんじょう日　③きゅう日　④六日　⑤せい年月日　⑥年
⑦ 2025 年　⑧きょ年

p35　ふくしゅう
1. ①さんねん　②みず　③せいねんがっぴ　④いっかげつ　⑤らいげつ
⑥おかね　⑦きゅうじつ　⑧き　⑨かようび　⑩ごがついつか
2. ①月　②げん金　③さくらの　木　④きょ年　⑤火　⑥年　⑦水よう日
⑧土よう日　⑨十二月　⑩金よう日

p36　クイズ
1. ①六　ろくがつ　②十一　じゅういちがつ　③十二　じゅうにがつ
2. ①三月三日　さんがつ みっか　②五月五日　ごがつ いつか
③七月七日　しちがつ なのか
3. (1) ①月　②火　③水　④木　⑤金　⑥土
(2) ①九月　くがつ　②二十日　はつか　③十六日　じゅうろくにち
金よう日　きんようび　④二十四日　にじゅうよっか　土よう日　どようび

◆ 3 章（しょう）

p39　①ひと　②にほんじん　③なんにん　④くち　⑤じんこう　なんにん
①人　②アメリカ人　③三人　④なん人　⑤おおきい口　⑥口べに　⑦かいさつ口
⑧人口

p40　①め　②いくつめ　③もくてき　④みみ　みず　⑤じびか　みみ　みっつ
①目　②目ざましどけい　③目ぐすり　④一つ目　⑤目てき　⑥耳　⑦耳びか

p41　①にほんじん　て　②てがみ　きって　③あし　④さんじっそく　⑤たして
①手がみ　②きっ手　③あく手　④うんてん手　⑤手足　⑥足す　⑦一足　⑧三足

p42　①ちから　②かりょく　③きょうりょく　④しりょく　⑤おうさま
①力　②火力　③きょう力　④し力　⑤がく力テスト　⑥王さま

p43　ふくしゅう
1. ①アメリカじん　②ひとり　③あし　④かいさつぐち　⑤がくりょくテスト
⑥めざましどけい　⑦じびか　⑧てがみ　⑨きって　⑩じんこう
2. ①力　②人　③二十人　④二つ目　⑤目ぐすり　⑥王さま　⑦うんてん手　⑧耳
⑨二足　⑩足して

p44　クイズ
1. ①口　②足　③手　④王　⑤耳　⑥力
2. ①足　②目　③耳　④手　⑤手　⑥足　⑦耳　⑧手
3. ①め　②あし　③て　④みみ　⑤ひと　⑥がくりょくテスト
4. ①人　②足　③目　④耳　⑤手　⑥口　⑦力

◆ 4 章（しょう）

p47　①やま　②にちようび　ふじさん　③まいにち　やまのてせん　④やま　かわ
⑤ナイルがわ　いちばん
①にほんの　山　②ふじ山　③火山　④川　⑤アマゾン川　⑥山川さん　⑦川口さん

p48　①たんぼ　②すいでん　③かわ　こいし　④ほうせき　⑤いし
①田んぼ　②水田　③山田さん　④石　⑤こ石　⑥ほう石　⑦石田さん

p49　①かびん　はな　②はなたば　③どようび　はなび　④まいにち　はな　みず　⑤たけ
①花　②花びん　③花み　④花火　⑤花たば　⑥竹　⑦竹のこ　⑧竹りん

p50　①ろくがつ　あめ　②おおあめ　③にちようび　うてん　④むし　はな　⑤こんちゅう
①雨　②おお雨　③雨てん　④け虫　⑤虫ば　⑥こん虫

p51　ふくしゅう
1.①いし　②やまのてせん　③すいでん　④かわぐちせんせい　⑤かわ
⑥やま　⑦ほうせき　⑧かびん　⑨たけのこ　⑩あめ
2.①ふじ山　②山田さん　③田んぼ　④花　⑤こ石　⑥花たば　⑦花火　⑧こん虫
⑨竹りん　⑩おお雨

p52　クイズ
1.①山　②竹　③川　④石　⑤雨
2.①山　②川　③手　④石　⑤田　⑥足　⑦竹　⑧雨
3.①山田　②川田　③石田　④石川　⑤竹山　⑥山川
4.①にちようび　②やま　③土よう日　④あめ　⑤花　⑥虫　⑦かわ　⑧水　⑨足

◆5章（しょう）

p55　①うえ　した　②よんかい　あがりました　③すいじょう
④さがります　ごど　じゅうど　⑤くだって　した
①年上　②上がる　③上りのでんしゃ　④上下　⑤年下　⑥下ぎ　⑦下がる
⑧下りのでんしゃ

p56　①みぎ　ひだり　②みぎきき　ひだりきき　③ひだりがわ　ひと　みぎがわ　④みぎ
⑤うせつ
①左　②左足　③左せつ　④つくえの右　⑤右手　⑥右せつ　⑦右がわ

p57　①そと　②やまぐちせんせい　がいしゅつ　③いちばん　がいこく
④うちがわ　そとがわ　⑤ないか
①外　②外がわ　③外しゅつ　④外こく　⑤内がわ　⑥こう内　⑦こく内　⑧内か

p58　①なか　②なか　いちまんえん　③すいちゅう　め　④かいぎちゅう
⑤いちにちじゅう
①へやの　中　②くるまの　中　③水中　④しごと中　⑤じゅぎょう中　⑥一日中

p59　ふくしゅう
1.①としした　②あがって　③うえ　④くだり　⑤すいじょう
⑥いちにちじゅう　⑦さゆう　⑧がいしゅつ　⑨うちがわ　⑩みぎ
2.①年上　②外　③下　④下がりました　⑤右がわ　⑥左きき　⑦上下
⑧こく内　⑨中　⑩じゅぎょう中

p60　クイズ
1.①下　②中　③外　④右　⑤内
2.①上　花　②外　ニ　③上　一　④中　一人　⑤中　下　下　一
3.①上がります　②中　③右　④人　⑤左　⑥人　⑦こう内　⑧外　⑨下　⑩人
⑪一日中

◆ アチーブメントテスト（配点：1. 2. は各2点、3. は各3点）

p62　1. ①ごがついつか　②ろくにん　③きゅうかい　④せんえんさつ　⑤げつようび
⑥みず　⑦みっつめ　⑧みみ　⑨ナイルがわ　⑩そと
2. ①八月十日　②火よう日　③さくらの木　④虫ば　⑤しカ　⑥ふじ山
⑦田んぼ　⑧竹のこ　⑨左きき　⑩こく内
p63　3. ①きん　②日よう日　③たんじょうび　④十人　⑤にかい　⑥ほうせき　⑦百万円
⑧お金　⑨ろっかい　⑩上がりました　⑪くつした　⑫足　⑬さんぼん
⑭ 2000 年　⑮おうさま　⑯雨　⑰ひと　⑱一日中　⑲花たば　⑳手がみ

◆ 6章（しょう）

p65　①がっこう　②まなんで　③だいがく　しんがく　④にゅうがくしき
⑤こうちょうせんせい
①学ぶ　②学校　③だい学　④にゅう学　⑤けん学　⑥校ちょう　⑦きゅう校
⑧てん校
p66　①がくせい　なんにん　②せんせい　さき　③せんしゅう　④せんじつ
⑤じゅうにがつ　うまれました
①先生　②先月　③先しゅう　④生きる　⑤生かつ　⑥人生　⑦一生　⑧たん生日
p67　①なまえ　②みょうじ　たなか　③ゆうめいな　④じ　⑤かんじ
①名まえ　②名しょ　③ち名　④ゆう名　⑤字　⑥も字　⑦しゅう字　⑧かん字
p68　①いっかげつ　ほん　②いちねん　にほん　③いっぽん　にほん　さんぼん
④やまもとさん　がっこう　やすみました　⑤ごがついつか　きゅうじつ
①本　②日本人　③一本　④三本　⑤五本　⑥休む　⑦なつ休み　⑧休みじかん
p69　ふくしゅう
1. ①まなんで　②うまれます　③がくせい　④みょうじ　⑤ほん　⑥せんげつ
⑦やすみましょう　⑧ゆうめいな　⑨やまもとさん　⑩いっぽん
2. ①学校　②先生　③日本　④中学生　⑤字　⑥生きました　⑦三本
⑧名まえ　⑨休日　⑩先
p70　クイズ
1. ①学校　②学生　③本　④かん字　⑤先生　⑥休みじかん
2. ①先月　②お花み　③先生　④十人　⑤学生　⑥三十人　⑦校ちょう先生
⑧日本　⑨日
3. ①名まえ　なまえ　②も字　もじ　③休日　きゅうじつ　④日本　にほん
⑤学生　がくせい　⑥先生　せんせい

◆ 7章（しょう）

p73　①やまかわさん　め　おおきい　②だいすき　③たいせつな　ひと　④ちいさい
⑤しょうがくせい
①大きい　②大学　③大きらい　④大せつ　⑤小さい　⑥小学生　⑦小学校　⑧小ぜに
p74　①いしかわさん　たかい　②こうこうせい　③たかい　④ともだち
⑤やまださん　しんゆう

①高い　②高校　③高校生　④友だち　⑤しん友
p75　①はいって　②いりぐち　でぐち　③にほん　しがつ　にゅうがくしき
④てがみ　だして　⑤ともだち　でかけました
①入れる　②入る　③入り口　④入学　⑤出る　⑥出す　⑦出せき　⑧外出
p76　①もん　②こうもん　③せんもん　④やまもと　からだ　⑤たいいくかん
①門　②校門　③せい門　④せん門　⑤入門　⑥体　⑦体力　⑧体じゅう
p77　ふくしゅう
1. ①にゅうがくしき　②たいせつ　③こうこうせい　④しょうがっこう
⑤ちいさい　⑥いれて　⑦だして　⑧しんゆう　⑨からだ　⑩がいしゅつ
2. ①大学　②小学生　③出口　④入って　⑤友だち　⑥大きい　⑦入り口
⑧体いくかん　⑨高い　⑩門
p78　クイズ
1. ①入学しき　②大きい　③出口　④高校生　⑤学校　⑥入って　⑦人
⑧名まえ　⑨高校　⑩日本　⑪友だち　⑫日本語(ご)　⑬大学　⑭入ります　⑮大学いん
⑯入りたい　⑰せん門　⑱本　⑲日本ぶんか　⑳学びたい
2. ①大　②大人　③出口　④高い　⑤入る

◆8章(しょう)

p81　①にほん　ちちのひ　ろくがつ　さん　にちようび　②そふ　はちじゅうはっさい
③ははのひ　はな　④ぼご　⑤ぼこう
①父　②そ父　③母　④そ母　⑤母校　⑥母ご　⑦父母
p82　①かわ　こども　②おこさん　いっさい　③だんしがくせい　なんにん
④がっこう　おとこ　せんせい　よにん　⑤だんせい　みょうじ
①子ども　②お子さん　③ふた子　④男　⑤男の子　⑥男の人　⑦男子　⑧男せい
p83　①おんなのひと　②おんなのこ　ひとり　おとこのこ　ふたり　③じょし　ひだり
④にほんじん　かのじょ
①女　②女の子　③女の人　④女子　⑤女せい　⑥男女　⑦かの女　⑧女ゆう
p84　①いぬ　②ともだち　こいぬ　③たなか　おおがたけん
①犬　②子犬　③小がた犬　④もうどう犬
p85　ふくしゅう
1. ①おんなのこ　②もうどうけん　③こども　④だんせい　⑤かのじょ
⑥ちょうなん　⑦ふたご　⑧おかあさん　⑨だんじょ　⑩おとうさん
2. ①母の日　②子犬　③そ父　④女の人　⑤男の子　⑥女子　⑦父　⑧そ母
⑨母校　⑩男子学生
p86　クイズ
1. ①母　②子　③男　④女　⑤子　⑥子　⑦男子　⑧女子　⑨犬
2. ①父　②子　③母　④男　⑤女
3. ①よにん　②そ父　③父　④はは　⑤犬　⑥ななじゅうろくさい
⑦よんじゅうはっさい　⑧小学校　⑨せんせい　⑩高校　⑪にねんまえ　⑫まい日
⑬中

◆ 9章（しょう）

p89 ①おんなのひと　たって　②こくりつだいがく　がくせい
③たいいく　さかだち
①立つ　②し立大学

p90 ①にほん　みますか　②みせて　③いけん　④しんぶんしゃ　けんがく　⑤きいて
にほんご
①見る　②花見　③月見　④見学　⑤い見　⑥聞く　⑦しん聞

p91 ①やすみ　おおさか　いきます　②ぎょうれつ　③おこないます
④にちようび　こない　いく　⑤さんがつ　らいにち
①行く　②ぎん行　③りょ行　④来る　⑤来ます　⑥来ない　⑦来年　⑧来しゅう

p92 ①かえりますか　②がっこう　かえり　みました　③らいねん　きこく
①帰る　②帰り　③帰こく　④帰たく

p93 ふくしゅう
1. ①みます　②らいしゅう　③ぎんこう　④こくりつだいがく　⑤しんぶん
⑥きこく　⑦らいにち　⑧みせて　⑨こない　⑩かえり
2. ①見学　②聞きました　③来ます　④行れつ　⑤行きました　⑥立って
⑦りょ行　⑧帰りました　⑨行います　⑩花見

p94 クイズ
1. ①聞　き　②見　み　③来　き　④行　い　⑤帰　かえ
2. ①ジェイクさん　まいにち　かえります　②マリンさん　いきます
③ジェイクさん　みます　④ヨウさん　ききます
⑤マリンさん　がっこう　いきます
3. ①帰　②聞　③立

◆ 10章（しょう）

p97 ①にほん　こめ　②はくまい　げんまい　③ひ　おちゃ　④こうちゃ　にほんちゃ
⑤ちゃいろい　ふたつ
①米　②げん米　③はく米　④お茶　⑤日本茶　⑥こう茶　⑦茶いろ

p98 ①うし　②ぎゅうにゅう　いれます　③ぎゅうにく　ぶたにく
④ともだち　やきにくや　いきました　⑤とりにく　からだ
①牛　②牛にゅう　③わ牛　④牛肉　⑤肉　⑥やき肉　⑦とり肉

p99 ①うおいちば　②さかなや　さかな　③にんぎょ　きいた　④かい
⑤あかがい　やきざかな
①魚　②やき魚　③魚いちば　④人魚　⑤金魚　⑥貝　⑦あか貝　⑧貝がら

p100 ①すき　②だいこうぶつ　ぎゅうにく　③かいもの　④どうぶつえん　いきませんか
⑤にほん　ぶっか　たかい
①好き　②大好物　③かい物　④たべ物　⑤どう物えん　⑥物か　⑦に物

p101 ふくしゅう
1. ①ちゃいろ　②どうぶつえん　③にもつ　④うおいちば　⑤あかがい
⑥ぶっか　⑦げんまい　⑧うし　⑨こうちゃ　⑩だいこうぶつ

2. ①好き　②日本茶　③やき肉　④魚　⑤牛にゅう　⑥米　⑦たべ物　⑧貝
⑨かい物　⑩金魚

p102　クイズ
1. ①魚　②貝　③米　④茶　⑤肉
2. ①山川さん　②石川さん　③山田さん　④田中さん
3. ①すきな　②たべもの　③にく　④さかな　⑤すき　⑥すきな　⑦どうぶつ
れい）1. すしです。　2. 肉のほうが　好きです。　3. そうです。

◆ アチーブメントテスト（配点：1.2. は各 2 点、3. は各 3 点）

p104　1. ①しんぶん　②せんげつ　③さんぼん　④たかい　⑤そふ
⑥やすみませんか　おちゃ　⑦おこないます　⑧だいこうぶつ　⑨かい
2. ①こく立大学　②体力　③名字　④出口　⑤門　⑥子犬　⑦休日　⑧花見
⑨牛肉　⑩はく米

p105　3. ①にほん　②きました　③学校　④入りました　⑤だんしがくせい　⑥女子
⑦せんせい　⑧おとこ　⑨かいもの　⑩行きました　⑪こめ　⑫魚　⑬帰って
⑭かん字　⑮みました　⑯父　⑰母　⑱生かつ　⑲友だち　⑳大好き

◆ 11 章（しょう）

p107　①まいにち　くじ　じゅうにじ　②とき　かね　ゆうめいな　③じかん
④ぎんこう　あいだ　⑤ひるま
①３時　②12時　③時間　④間　⑤ひる間　⑥なか間　⑦１しゅう間　⑧き間

p108　①ごじはん　②はんとしまえ　にほん　きました　③わけます　④はんぶん
⑤よんぶんのいち
①半年　②４時半　③半分　④分ける　⑤５分　⑥30分　⑦６分　⑧二分の一

p109　①たなかさん　いま　②こんげつ　あめ　ひ　③なん　④いま　なんじ　⑤なにか
①今　②今ばん　③今月　④今しゅう　⑤何　⑥何時　⑦何よう日　⑧何月

p110　①ゆうひ　②ゆうがた　あめ　③ゆうしょく　④かんじ　よみかた
⑤にほんご　ほうほう
①夕しょく　②夕方　③とうほくち方　④夕日　⑤よみ方　⑥かき方　⑦方ほう
⑧方こう

p111　ふくしゅう
1. ①あいだ　②なに　③くじはん　④いま　⑤ごふん　⑥ゆうがた　⑦とき
⑧きょう　⑨ひるま　⑩さんじっぷん
2. ①今月　②半年まえ　③何時　④１しゅう間　⑤今ばん　⑥時間　⑦半分　⑧間
⑨分けます　⑩何か

p112　クイズ
1. ①今　②何　③何　④土　⑤何時　⑥時半　⑦大人　⑧今日
2. 時　分　今　間　何
3. ①なんじ　②なん　③きょう　④じかん　⑤いま　⑥なに

◆ 12 章

p115 ①はやし ②ちくりん たけのこ ③にほん しんりん ④もり なか
⑤あおもりけん ゆうめい
①林 ②すぎ林 ③山林 ④森林 ⑤森 ⑥あお森けん ⑦森さん

p116 ①はたけ ②たはた ③いわ うえ ひと たって ④らいしゅう いわやま
⑤ようがん みた
①畑 ②田畑 ③トマト畑 ④岩 ⑤岩山 ⑥よう岩

p117 ①おと おと ②ねいろ すき ③がっこう にほんご はつおん
①音 ②はつ音 ③音がく ④音いろ

p118 ①あかるい ②あけて そと あかるく ③せんせい せつめい ききます
④くらい ⑤あんき
①明るい ②明け方 ③よが 明ける ④せつ明 ⑤暗い ⑥明暗 ⑦暗き ⑧暗ざん

p119 ふくしゅう
1. ①もり ②あした・あす ③おんがく ④たはた ⑤くらい ⑥せつめい
⑦ねいろ ⑧はやし ⑨あけて ⑩みかんばたけ
2. ①音 ②森 ③明け方 ④暗き ⑤よう岩 ⑥森林 ⑦畑 ⑧暗く
⑨岩 ⑩明るく

p120 クイズ
1. ①森 ②林 ③畑 ④岩 ⑤明
2. 火－畑 木－森 石－岩 音－暗 月－明
3. ①畑 ②暗 ③音 ④明 ⑤林

◆ 13 章

p123 ①にほんご いって ②にほん ほうげん ③でんごん ④なまえ かいて
⑤じしょ ことば
①言う ②言ば ③方言 ④でん言 ⑤書く ⑥じ書 ⑦書どう

p124 ①ほん よみます ②かわぐちさん どくしょ すき
③なかやまさん にじかん はなしました
④ゆうめいな だいがく せんせい はなし ききました ⑤かいわ
①読む ②読書 ③音読 ④話す ⑤話 ⑥かい話 ⑦でん話 ⑧手話

p125 ①なに たべましたか ②こんばん しょくじ
③がっこう しょくどう たべました ④おちゃ のみます ⑤いんしょくてん
①食べる ②食べ物 ③食じ ④食どう ⑤飲む ⑥飲み物 ⑦飲食てん

p126 ①おおきい かいました ②きゅうじつ ともだち かいもの いきます
①買う ②買い物 ③ばい買

p127 ふくしゅう
1. ①でんわ ②たべもの ③ほうげん ④よみます ⑤ことば ⑥のみます
⑦はなし ⑧いんしょくてん ⑨しょくじ ⑩いって
2. ①食べました ②読書 ③買います ④でん言 ⑤かい話 ⑥買い物
⑦書いて ⑧飲み物 ⑨話しました ⑩食どう

p128 クイズ

1. ①飲 ②話 ③食 ④書 ⑤買 ⑥読

2. ①かいもの ②いきました ③にせんえん ④かいました ⑤ゆうめいな ⑥たべました ⑦ひと ⑧なまえ ⑨かいて ⑩さんじっぷん ⑪いいました ⑫おちゃ ⑬のみました ⑭はなしました ⑮いちにち

3. ①読んで ②話して ③買って ④聞いて ⑤食べて ⑥飲んで

◆ 14 章(しょう)

p131 ①まち おおきい てら ②ちち ちょうちょう ③やすみ ひ したまち ④せんせい ちょうない ⑤ほうりゅうじ にほん いちばん てら

①町 ②下町 ③町ちょう ④町内 ⑤寺 ⑥ほうりゅう寺

p132 ①でんしゃ いきますか ②でんき ③ともだち でんわ ④くるま ごふん ⑤じてんしゃ かいもの いきます

①電き ②電話 ③電車 ④電力 ⑤車いす ⑥じてん車 ⑦車内 ⑧じどう車

p133 ①がっこう ひがし にし ②とうきょう じんこう ③にしぐち おおきい ④きょう ほくせい ⑤にしにほん おおあめ

①東 ②東口 ③東日本 ④かん東ち方 ⑤西 ⑥西口 ⑦西日本

p134 ①ともだち みなみアメリカ りょこう ②なんごく ③きたぐち さんぷん ④ほっかいどう にほん いちばん きた ⑤とうほくちほう

①南 ②南口 ③東南アジア ④南ごく ⑤北 ⑥北口 ⑦北西 ⑧東北ち方

p135 ふくしゅう

1. ①ほっかいどう ②みなみアフリカ ③まち ④とうきょう ⑤でんしゃ ⑥くるま ⑦てら ⑧したまち ⑨じてんしゃ ⑩ほくせい

2. ①ほうりゅう寺 ②西口 ③車内 ④町内 ⑤車 ⑥東南アジア ⑦電話 ⑧電車 ⑨北 ⑩南ごく

p136 クイズ

1. A 電車 B じどう車 C じてん車 ① C ② C ③ A ④ B ⑤ A ⑥ C

2. ①寺 ②車 ③西 ④東 ⑤南

3. ①先月 ②休み ③友だち ④行きました ⑤寺 ⑥東きょう ⑦電車 ⑧ 1 時間 ⑨じてん車 ⑩ゆう名な ⑪食べました ⑫本 ⑬日 ⑭電話 ⑮食べて ⑯貝 ⑰買って ⑱帰りました ⑲一日

◆ 15 章(しょう)

p139 ①しんねん ②しんぶん よみましたか ③あたらしい くるま ④せんげつ ちゅうこしゃ かいました ⑤ふるい まち

①新しい ②新年 ③新聞 ④新車 ⑤新入しゃいん ⑥古い ⑦古本 ⑧中古車

p140 ①やまださん ながい ひと ②ちょうなん ちょうじょ ③ちち しょうがっこう こうちょう ④たかい やすい ⑤でんわ はなしました あんしん

①長い ②長年 ③しゃ長 ④長女 ⑤校長 ⑥安い ⑦安しん ⑧安ぜん

p141 ①こんげつ　おおい　②たすう　ひと　いけん　③たしょう
④まち　じんこう　きょねん　すくない　⑤すこし　かんじ　よむ
①多い　②多すう　③多少　④少ない　⑤少し　⑥少年　⑦少女　⑧少すう

p142 ①いちがつついたち　がんじつ　②おおたさん　もと　しょうがっこう　せんせい
③げんき　④きょう　てんき　⑤きぶん
①元日　②元気　③てん気　④気もち　⑤気分　⑥びょう気　⑦電気

p143 ふくしゅう
1. ①こうちょう　②しょうじょ　③あんしん　④ふるい　⑤おおい
⑥ちゅうこしゃ　⑦すこし　⑧がんじつ　⑨しんにゅう　⑩きぶん
2. ①新年　②元　③安ぜん　④新しい　⑤多少　⑥安い　⑦少なく　⑧元気
⑨長年　⑩気もち

p144 クイズ
1. ①少　②多　③新　④古　⑤安　⑥高
2. ①安　②多　③少　④新　⑤元
3. ①こども　②なまえ　③ことし　④ながくて　⑤おんなのこ　⑥にほんじん
⑦こども　⑧すこし　⑨たかい　⑩げんき　⑪にほんじん　⑫ともだち　⑬きました
⑭はなして　⑮あんしん

◆アチーブメントテスト（配点：1. 2. は各２点、3. は各３点）

p146 1. ①ゆうがた　②のみ　③じかん　④くらい　⑤なにか　⑥おおく　⑦あかるい
⑧くるま　⑨やすい　⑩すこし
2. ①飲食てん　②電話　③東きょう　④買い物　⑤しゃ長　⑥南口　⑦西日本
⑧森林　⑨長女　⑩でん言

p147 3. ①読書　②電車　③まち　④１時間半　⑤読みます　⑥はなし　⑦てんき
⑧きた　⑨10分　⑩古い　⑪てら　⑫はやし　⑬元気　⑭東　⑮やさいばたけ
⑯はたけ　⑰はなします　⑱食べます　⑲いま　⑳いいました

◆ノート

p148 1) 日　2) 川　3) 木　4) 田　5) 山　6) 門　7) 人　8) 口　9) 車
p149 10) 火　11) 子　12) 土　13) 生　14) 水　15) 金　16) 中　17) 大　18) 小　19) 半
p150 20) 力　21) 岩　22) 目　23) 耳　24) 手　25) 足　26) 雨　27) 竹　28) 米　29) 貝
p151 30) 牛　31) 肉　32) 魚　33) 犬　34) 本　35) 上　36) 下
p152 37) 休　38) 好　39) 林　40) 森　41) 石　42) 明　43) 男　44) 花　45) 物　46) 体
p153 47) 聞　48) 時　49) 暗　50) 畑

さくいん

	読み	かん字	ページ	章
あ	あいだ	間	107	11章
	あ - がる	上	55	5章
	あか - るい	明	118	12章
	あ - ける	明	118	12章
	あし	足	41	3章
	あたら - しい	新	139	15章
	あめ	雨	50	4章
	アン	暗	118	12章
	アン	安	140	15章
い	い - う	言	123	13章
	い - きる	生	66	6章
	い - く	行	91	9章
	いし	石	48	4章
	イチ	一	19	1章
	イッ -	一	19	1章
	いつ - つ	五	21	1章
	いぬ	犬	84	8章
	いま	今	109	11章
	い - れる	入	75	7章
	いわ	岩	116	12章
	イン	飲	125	13章
う	ウ	雨	50	4章
	ウ	右	56	5章
	うえ	上	55	5章
	うお	魚	99	10章
	うし	牛	98	10章
	うち	内	57	5章
	う - まれる	生	66	6章
え	エン	円	25	1章
お	オウ	王	42	3章
	おお - い	多	141	15章
	おお - きい	大	73	7章
	おこな - う	行	91	9章
	おと	音	117	12章
	おとこ	男	82	8章
	オン	音	117	12章
	おんな	女	83	8章
か	カ	火	31	2章
	か	日	34	2章
	カ	花	49	4章
	かい	貝	99	10章
	ガイ	外	57	5章
	- がい	貝	99	10章
	か - う	買	126	13章
	かえ - る	帰	92	9章
	か - く	書	123	13章
	ガク	学	65	6章
	かた	方	110	11章
	- がた	方	110	11章
	ガツ	月	31	2章
	ガッ -	学	65	6章
	かね	金	33	2章
	からだ	体	76	7章
	かわ	川	47	4章
	- がわ	川	47	4章
	カン	間	107	11章
	ガン	岩	116	12章
	ガン	元	142	15章
き	き	木	32	2章
	キ	帰	92	9章
	キ	気	142	15章
	き - く	聞	90	9章
	きた	北	134	14章
	き - ます	来	91	9章
	キュウ	九	23	1章
	キュウ	休	68	6章
	ギュウ	牛	98	10章
	ギョ	魚	99	10章
	ギョウ	行	91	9章
	キン	金	33	2章

	読み	かん字	ページ	章
く	ク	九	23	1章
	くだ - る	下	55	5章
	くち	口	39	3章
	- ぐち	口	39	3章
	くら - い	暗	118	12章
	く - る	来	91	9章
	くるま	車	132	14章
け	ゲ	下	55	5章
	ゲツ	月	31	2章
	ケン	犬	84	8章
	ケン	見	90	9章
	ゲン	言	123	13章
	ゲン	元	142	15章
こ	こ	小	73	7章
	こ	子	82	8章
	コ	古	139	15章
	ゴ	五	21	1章
	コウ	口	39	3章
	コウ	校	65	6章
	コウ	高	74	7章
	コウ	行	91	9章
	コウ	好	100	10章
	ここの - つ	九	23	1章
	こと	言	123	13章
	こ - ない	来	91	9章
	こめ	米	97	10章
	コン	今	109	11章
	ゴン	言	123	13章
さ	サ	左	56	5章
	さかな	魚	99	10章
	- ざかな	魚	99	10章
	さ - がる	下	55	5章
	さき	先	66	6章
	サン	三	20	1章
	サン	山	47	4章
	- ザン	山	47	4章
し	シ	四	20	1章
	シ	子	82	8章
	ジ	耳	40	3章
	ジ	字	67	6章
	ジ	時	107	11章
	ジ	寺	131	14章
	した	下	55	5章
	シチ	七	22	1章
	ジッ	十	23	1章
	ジツ	日	34	2章
	シャ	車	132	14章
	シュ	手	41	3章
	ジュウ	十	23	1章
	ジュウ	中	58	5章
	シュツ	出	75	7章
	シュッ -	出	75	7章
	ショ	書	123	13章
	ジョ	女	83	8章
	ショウ	生	66	6章
	ショウ	小	73	7章
	ショウ	少	141	15章
	ジョウ	上	55	5章
	- ジョウ	生	66	6章
	ショク	食	125	13章
	シン	森	115	12章
	シン	新	139	15章
	ジン	人	39	3章
す	スイ	水	32	2章
	す - き	好	100	10章
	すく - ない	少	141	15章
	すこ - し	少	141	15章
せ	セイ	生	66	6章
	セイ	西	133	14章
	セキ	石	48	4章
	セン	千	24	1章

	読み	かん字	ページ	章
	セン	先	66	6章
	-ゼン	千	24	1章
そ	ソク	足	41	3章
	-ゾク	足	41	3章
	そと	外	57	5章
た	た	田	48	4章
	タ	多	141	15章
	-だ	田	48	4章
	タイ	体	76	7章
	タイ	大	73	7章
	ダイ	大	73	7章
	たか-い	高	74	7章
	たけ	竹	49	4章
	た-す	足	41	3章
	だ-す	出	75	7章
	た-つ	立	89	9章
	た-べる	食	125	13章
	ダン	男	82	8章
ち	ちい-さい	小	73	7章
	ちから	力	42	3章
	チク	竹	49	4章
	ちち	父	81	8章
	チャ	茶	97	10章
	チュウ	虫	50	4章
	チュウ	中	58	5章
	チョウ	町	131	14章
	チョウ	長	140	15章
つ	つき	月	31	2章
	つち	土	33	2章
て	て	手	41	3章
	てら	寺	131	14章
	で-る	出	75	7章
	デン	田	48	4章
	デン	電	132	14章
と	ド	土	33	2章
	トウ	東	133	14章
	とお	十	23	1章
	とき	時	107	11章
	ドク	読	124	13章
	とし	年	34	2章
	とも	友	74	7章
な	な	名	67	6章
	ナイ	内	57	5章
	なか	中	58	5章
	なが-い	長	140	15章
	なな-つ	七	22	1章
	なに	何	109	11章
	ナン	南	134	14章
	なん	何	109	11章
に	ニ	二	19	1章
	ニク	肉	98	10章
	にし	西	133	14章
	ニチ	日	34	2章
	ニュウ	入	75	7章
	ニン	人	39	3章
ね	ね	音	117	12章
	ネン	年	34	2章
の	のぼ-る	上	55	5章
	の-む	飲	125	13章
は	バイ	買	126	13章
	はい-る	入	75	7章
	はた	畑	116	12章
	はたけ	畑	116	12章
	-ばたけ	畑	116	12章
	ハッ-	八	22	1章
	ハチ	八	22	1章
	はな	花	49	4章
	はなし	話	124	13章
	はな-す	話	124	13章
	はは	母	81	8章
	はやし	林	115	12章
	ばやし	林	115	12章
	ハン	半	108	11章

	読み	かん字	ページ	章
ひ	ひ	火	31	2章
	ひ	日	34	2章
	-び	日	34	2章
	-ぴ	日	34	2章
	ひがし	東	133	14章
	ひだり	左	56	5章
	ひと	人	39	3章
	ひと-つ	一	19	1章
	ヒャク	百	24	1章
	-ビャク	百	24	1章
	-ピャク	百	24	1章
	ヒャッ-	百	24	1章
ふ	フ	父	81	8章
	ふた-つ	二	19	1章
	ブッ-	物	100	10章
	ブツ	物	100	10章
	ふる-い	古	139	15章
	フン	分	108	11章
	ブン	聞	90	9章
	ブン	分	108	11章
	-プン	分	108	11章
ほ	ボ	母	81	8章
	ホウ	方	110	11章
	ホク	北	134	14章
	ボク	木	32	2章
	ホッ-	北	134	14章
	ホン	本	68	6章
	-ボン	本	68	6章
	-ポン	本	68	6章
ま	ま	間	107	11章
	マイ	米	97	10章
	まち	町	131	14章
	まな-ぶ	学	65	6章
	マン	万	25	1章
み	みぎ	右	56	5章
	みず	水	32	2章
	み-せる	見	90	9章
	みっ-つ	三	20	1章
	みなみ	南	134	14章
	みみ	耳	40	3章
	ミョウ	名	67	6章
	み-る	見	90	9章
む	むし	虫	50	4章
	むっ-つ	六	21	1章
め	め	目	40	3章
	メイ	名	67	6章
	メイ	明	118	12章
も	モク	木	32	2章
	モク	目	40	3章
	モツ	物	100	10章
	もと	本	68	6章
	もと	元	142	15章
	もの	物	100	10章
	もり	森	115	12章
	モン	門	76	7章
や	やす-い	安	140	15章
	やす-む	休	68	6章
	やっ-つ	八	22	1章
	やま	山	47	4章
ゆ	ユウ	友	74	7章
	ゆう	夕	110	11章
よ	よ	四	20	1章
	よっ-つ	四	20	1章
	よ-む	読	124	13章
	よん	四	20	1章
ら	ライ	来	91	9章
り	リツ	立	89	9章
	リョク	力	42	3章
	リン	林	115	12章
ろ	ロク	六	21	1章
	ロッ-	六	21	1章
わ	ワ	話	124	13章
	わ-ける	分	108	11章

漢字マスター N5 改訂版

Introduction to Kanji

2020 年 4 月 10 日　第 1 刷発行
2024 年 7 月 10 日　第 6 刷発行

編著者　**アークアカデミー**
遠藤 由美子　齊藤 千鶴　樋口 絹子　細田 敬子　山下 泰輔
増田 麻美子　下重 ひとみ

発行者　前田 俊秀
発行所　株式会社三修社
〒 150-0001　東京都渋谷区神宮前 2-2-22
TEL 03-3405-4511　FAX 03-3405-4522
振替　00190-0-72758
https://www.sanshusha.co.jp
編集担当　田中 由紀

編集協力　浅野 未華
デザイン　土屋 みづほ
DTP　ファーインク
イラスト　ヨコヤマサオリ
印刷・製本　壮光舎印刷株式会社

 ISBN978-4-384-05965-6 C2081